Lorenz Schröter
Mein Esel Bella

»Bella heißt sie, weil sie so schön ist. Sie hat lichtbraunes, zottiges Fell und eine weiße Schnauze. Sie ist ein stattliches Tier, ein bißchen dick, und hat einen kugeligen Weidebauch. Mit ihr werde ich wochenlang durch Deutschland reiten, von West nach Ost, von Süddeutschland nach Norddeutschland. Wir beginnen unsere Reise in einem kleinen Dorf. Irgendwo im Nirgendwo.«

Über Stock und Stein, durch Wälder und Felder reitet der Journalist und Schriftsteller Lorenz Schröter wochenlang quer durch Deutschland, vom Rhein bis an die Elbe.

Auf dieser ungewöhnlichen Reise trifft er allerhand interessante Menschen, aber auch sich selber – und so entsteht quasi en passant ein manchmal komisches, manchmal ganz schön trauriges Zeitbild dieses unseren Landes. Warum er diese Reise macht? Es geht ihm um das Erlebnis der Reise. Und was hätte Bella zu alldem gesagt?

Ein Abbild Deutschlands, gesehen vom Rücken der Eselin Bella aus. Was Lorenz Schröter auf seiner Deutschlandreise erlebt hat, hätte wohl nur Bella besser erzählen können. Aber Esel haben ja auch einen größeren Kopf.

Lorenz Schröter, geboren 1960 in München, Weltreisender und Journalist, Schriftsteller. Er fuhr mit dem Fahrrad um die Welt, lebte jahrelang auf einer Insel vor Hongkong. Reisen ist sein Leben. Und Schreiben.

Im Rotbuch Verlag sind erschienen:
Mein Esel Bella oder Wie ich durch Deutschland zog (2000)
Venuspassage. Roman (2001)
Lucy. Roman (2002)

Bella in den Medien:
»Ein boshaft schönes Buch!« *Brigitte*

»Lorenz Schröter zu kennen muss wirklich ein Vergnügen sein: Der Man hat Ideen und Charme.« *Vogue*

»Die Lektüre treibt den Lesern Tränen in die Augen, vor Weinen, aber auch vor Lachen.« *FAZ*

Lorenz Schröter

Mein Esel Bella
oder Wie ich durch Deutschland zog

Rotbuch Verlag

Die Deutsche Bibliothek – CIP-Einheitsaufnahme

Ein Titeldatensatz für diese Publikation ist bei
Der Deutschen Bibliothek erhältlich

Umschlaggestaltung: projekt ®, Hamburg
unter Verwendung eines Fotos von J. Kiss
Herstellung: Das Herstellungsbüro, Hamburg
Satz: Greiner & Reichel, Köln
Druck und Bindung: Druckerei Himmer, Augsburg
Printed in Germany

ISBN 3-434-54507-7

Informationen zu unserem Verlagsprogramm
finden Sie im Internet unter: www.rotbuch.de

Von Horbruch nach Buch

Bella heißt sie, weil sie so schön ist. Sie hat ein lichtbraunes, zottiges Fell und eine weiße Schnauze. Aus ihren Ohren, großen, schönen Ohren, flattert goldenes Haar wie Lametta. Sie ist ein stattliches Tier, weitaus größer als ein Pony. Sie ist ein bisschen dick, hat einen kugeligen Weidebauch. Ihre großen, müden Augen liegen in einem weißen melancholischen Kranz und schauen mich über den Zaun hinweg an, als wüssten sie etwas, was irgendwo dahinter ist.

Mit der neunjährigen Eselstute Bella werde ich wochenlang durch Deutschland reiten, von West nach Ost, von Süddeutschland nach Norddeutschland. Wir beginnen unsere Reise in Horbruch, einem Dorf im Hunsrück. Irgendwo im Nirgendwo.

Ich könnte auch von Horbruch nach Belg wandern, und wenn ich nur ganz langsam, ganz aufmerksam alle Miniaturen am Wegesrand beschreiben würde, jede Blume, jeden poetisch im Wind flatternden Vorhang, jede ebenso flatternde innere Regung, und dabei nur ausdauernd genug jeden Eindruck auskosten würde wie den letzten scharfen Splitter eines Bonbons, würde es wie eine Weltreise klingen, auch wenn Belg bloß siebzehn Kilometer von Horbruch entfernt liegt. Aber ich will es nicht übertreiben, mit langen, langen Sätzen und ausgefeilten Wortkaskaden und Mehltau-

Empfindungen aus jedem Staubkorn ein Weltall machen.

Bella lebt auf dem Hof der Familie Bärtges. Klaus Bärtges hat eine Firma für biologische Bauisolierung, zusammen mit seiner Frau Erika wohnt er im zweihundert Jahre alten Hof seiner Vorfahren. Die beiden haben zwei Kinder, den siebenjährigen Bodo und ein kleines Mädchen, Ines. Dort also stand Bella auf einer Weide, zusammen mit ein paar Pferden, und fraß den ganzen Tag. Abends gab es Heu, auch das fraß sie, als hätte sie den ganzen Tag nichts bekommen. Sonst hatte Bella nichts zu tun. Das ist auch der Grund, warum die Bärtges Bella abgeben wollten, da sie sich kaum um sie kümmern konnten. Der Esel stand da und fraß, das war es.

Über ein Jahr habe ich einen Großesel gesucht, denn im Tierfreundland Bundesrepublik wäre ich unweigerlich gesteinigt worden, hätte ich einen winzigen Esel mit traurigen Augen mit schwerem Gepäck beladen und mit einer Gerte geschlagen. Der Markt für Großesel ist nicht sonderlich bedeutend, nur hin und mal wieder tröpfelt eine Anzeige in die Seiten von ›Reiter Revue‹, ›Pferdemarkt‹ oder ›Pegasus‹. Auch der Verein für Eselfreunde konnte mir nicht helfen.

Bella war ein Glücksfall, zweitausend Mark hat sie gekostet. An den blonden Fransen aus ihren Ohren erkennt man ihre Abstammung, Poitou, eine bedrohte Haustierrasse aus dem Westen Frankreichs. Und sie ist wunderschön.

Der Anfang einer Reise hat immer etwas Unentschlossenes, Überhastetes. Ich denke an winzige, praktische und nahe liegende Dinge – in welcher Tasche ist der Geldbeutel? Wem habe ich auf Wiedersehen gesagt? Der eigentliche Anfang geht irgendwie unter.

»Machen Sie es gut.«

»Ja.«

Wo ist jetzt meine Landkarte?

»Äh, Wiedersehen.«

Klaus Bärtges und die Kinder begleiten uns bis zur Vorfahrtsstraße, dann geht es nach rechts, es gibt kein Ortsausgangsschild von Horbruch, und dann bin ich plötzlich auf dem Feldweg, und die Reise hat begonnen. Ein kleiner Schritt für die Menschheit. Und auch für mich.

Erika Bärtges begleitet mich am ersten Tag, das ist auch gut so. Denn ehrlich gesagt, ich habe keine Ahnung von Eseln und vom Reiten. Eine Woche zuvor hatte ich eine halbe Stunde Reitunterricht genommen, meine erste, auf einem Reiterhof. Ich kam zu spät, mit den falschen Schuhen und der völlig falschen Einstellung. Die Reitlehrerin spulte ihr Standardprogramm ab, sie hielt mich für einen Volltrottel. Eine halbe Stunde ritt ich auf einem cleveren, faulen Gaul an der Longe. Das Pferd machte, was die Reitlehrerin wollte, und schüttelte mich im Trab so lange absichtlich durch, bis ich mich dem Rhythmus angepasst hatte und nicht mehr wie ein Mehlsack auf und ab hüpfte. Genau dann, als ich mit etwas Würde vorschriftsmäßig im Sattel auf- und niederstieg, fiel das Pferd wieder in den zivilen Schritt. Ich blieb der Volltrottel. So was machen Pferde mit Absicht, für die muss es auch zu blöd sein, jeden Idioten, der reiten lernen will, im Kreis spazieren zu tragen.

Dabei wollte ich nur wissen, wie man die Zügel hält und damit Kommandos gibt, aber in der hohen Reitschule lenkt man mit den Schenkeln, nicht mit den Zügeln, also lernte ich nichts in meiner Reitstunde. Die Kultur der Reiterhöfe habe ich immer skeptisch betrachtet, diese kleinen Idyllen, in denen alles geregelt ist. Der unheimliche Aufwand, die ganze Putzsucht, nur um manchmal, ganz selten, in einem Trupp eine halbe Stunde auf ausgewiesenen Wegen auszureiten, wobei jeder ständig die Haltung und den Glanz der Stiefel kontrolliert, also eine Mischung aus Kupferkesselsammlung und ClubMed. Nicht umsonst habe ich mir einen Esel gekauft.

Ein Esel galoppiert nicht, ein Esel trabt nicht. Zumindest Bella nicht. Man sitzt da oben drauf, und wenn man sich einigermaßen gerade hält, sieht man damit ganz gut aus.

Die Kühe auf der Weide kommen neugierig angelaufen, blicken über ihren Zaun und sehen uns beim Vorbeiziehen zu. Nach dreihundert Metern verliere ich meine Reitgerte, und kurz zögere ich, ob ich zurücklaufen sollte, um sie zu holen, oder ob es auch ohne ging, mit irgendwelchen vom Baum gerissenen Ästen. Oh Gott, war ich naiv, denn ohne Gerte wäre gar nichts gegangen. Da wäre ich in vier Wochen wirklich nur bis Belg gekommen.

Erika Bärtges übernimmt die Führung. Etwas undurchschaubar wandern wir über Feldwege und Wiesen. Sie wird schon wissen, wo es langgeht, sie stammt schließlich aus der Gegend und hat in einem halben Dutzend winziger Weiler um Horbruch herum gelebt. Das ist eine seltsame Vorstellung für mich, innerhalb eines ländlichen Landkreises von einem Ort zum nächsten umzuziehen.

Bella bleibt stehen um zu grasen. Noch etwas unentschlossen gebe ich das Kommando:

»Weiter geht es.«

Befehlen ist eine schwierige Sache. Ich klinge, als wollte ich mit Vernunftsgründen argumentieren.

»Mach schon, Bella.«

So geht es nicht, und ich werde extra streng. Ich muss gleich am Anfang Autorität beweisen. Das klingt genauso falsch und nachgemacht. Nach ein paar Anläufen gehorcht Bella, es geht tatsächlich weiter. Ein paar Meter, dann hat sie wieder etwas Leckeres gefunden und bleibt kauend stehen. Mit der Zeit werde ich ungeduldiger und strenger:

»Auf geht es.«

Bella gehorcht. Einigermaßen. Außerdem hilft Frau Bärtges mit.

Nach einer Stunde verursachen wir den ersten und zum Glück einzigen Autounfall der Reise. Ein Mann fährt in seine Einfahrt, sieht uns, guckt sich erstaunt um und rumst mit drei Stundenkilometern an die eigene Hauswand.

Der Hunsrück ist ein hügeliges Gelände, Wiesen und Äcker wellen sich wie ein verschobener Teppich über die Landschaft. Gelb, grün, braun. Wir orientieren uns an Baumgruppen, Windgeneratoren und Dörfern, dabei kürzen wir das Straßennetz über die Felder ab. Einfach nur vom Asphalt runter, der Luftlinie zum Ziel folgen, und schon ist man weg von der Zivilisation. Es staubt im Stoppelfeld, Kaninchen springen auf.

Bella genießt die neuen Eindrücke. Ihre großen Ohren drehen sich unabhängig voneinander in die Richtung, aus der sie ein interessantes Geräusch hört. Plack-plack, wie ein U-Boot-Periskop. Manchmal, wenn eine Motorsäge aufheult, ein seltsamer Vogel schreit, bleibt sie stehen und lauscht.

Ein Bahndamm durchzieht das Gelände, es geht steil nach oben. Überall sind Brombeerranken. Es ist die erste Bewährungsprobe für Bella, wird sie da rüberklettern? Sie bleibt stehen, ich ziehe am Strick. Sie bleibt stehen und frisst. Ich ziehe und schreie:

»Los geht's, Bella!«, und ziehe.

»Los geht's, Bella« – dieser Satz wird in den nächsten Wochen fast meine gesamte Unterhaltung ausmachen.

»Stell dich nicht so an, du faules Stück!«

Als sei nichts dabei, geht sie über den Bahndamm. Brave Bella. Esel sind trittsichere Tiere, sie stammen aus den felsigen Wüsten Afrikas, wo jeder Fehltritt ihr letzter sein könnte. Die zweite Bewährungsprobe ist ein kleiner Wassergraben. Wieder dasselbe Spiel, sie bleibt stehen, weigert sich, frisst ein wenig, wir üben unsere Autorität aus:

»Rüber, mach schon.«

Autorität üben ist das richtige Wort. Der Esel schaut gedankenverloren in die Ferne. Dann springt er tatsächlich hinüber.

»Brave Bella.«

Nach unserer ersten Rast tritt Bella den Rückweg an. Das reicht jetzt mit dem Spaß, sie will wieder auf ihre Weide. So wissend, wie ihre bernsteinfarbenen Augen tun, ist sie also doch nicht. Das war erst der Anfang, Kleines, das geht noch vier Wochen so.

»Auf geht es, Bella.«

Das erste Gasthaus, das wir ansteuern, ist geschlossen. Die Dörfer, durch die wir kommen, sind menschenleer. Niemand ist auf der Straße, niemand im Garten. Alles völlig ausgestorben. Fahrräder stehen verlassen im Hof, die Garagentür ist offen – es sieht aus, als ob eine Giftwolke jedes Leben ausgelöscht hätte. So ist das nicht nur im ersten, sondern auch in allen folgenden Dörfern. Die Häuser sind da, die Autos sind da, die Geranien blühen, und die Hecke ist geschnitten. Aber es sind keine Menschen zu sehen. Wahrscheinlich sind sie alle in die nächste Videothek gefahren. Gefriergetrocknete Normalität. Als hätte ein riesiger Staubsauger alles an sich gezogen. Erst vor ganz kurzem, und jeder Staub und jede Unordnung wurde gleich mit weggesaugt.

Tack-tack, tack-tack hallen Bellas neue Hufe. Bella ist erst seit einer Woche beschlagen. Tack-tack macht das Echo.

Am Ortsausgang, gleich neben der Holzfabrik, können wir das nächste Dorf erkennen. Daneben noch eins. Aber welches ist das richtige? Leider erkennt man Dörfer nicht von weitem. Es sind einfach rote und graue Dächer um einen Kirchturm herum.

Wir suchen einen Menschen, den man fragen könnte. Um uns herum ist alles friedlich und still. Auch die riesige Holzfabrik wirkt völlig ausgestorben. Endlich taucht ein einsamer Gabelstaplerfahrer in der Fabrik auf und zeigt uns den Weg. Das nennt man also die Ruhe auf dem Land. Gespenstisch.

Wir finden doch noch einen Imbiss, ein Brummi-Treff. Bella wird auf dem Parkplatz angebunden. Ich esse eine typische Brummi-Treff-Mahlzeit: ein Riesenstück Fleisch mit Pommes. Frau Bärtges, die Vegetarierin, bestellt einen Salatteller, dann ruft sie ihren Mann an. Der lacht:

»Was, ihr seid erst beim Brummi-Treff? Das ist doch nur zehn Minuten von hier.«

Er meint Autominuten, aber ich glaube ihm nicht. Es sind sicher schon fünfzehn Autominuten. Mindestens.

Vom Parkplatz ruft Bella einsam und verzweifelt nach uns, als hätte sie die Fernsehsendungen gesehen, die über an Raststätten ausgesetzte Haustiere berichten. Sie freut sich richtig, als wir wieder auftauchen. Sie reibt ihren Kopf an meiner Schulter und ich meinen Kopf an ihrem riesigen Schädel.

Es geht weiter über Felder und durch Geisterorte. Die Landschaft des Hunsrück ist trist, vor allem bei bewölktem Himmel, aber auch unheimlich, wie ein seltsames Schuppentier sehen die schiefergedeckten Dörfer von den Hügeln aus. Mit vereinzelten Wunden, das sind die roten Dachziegel. Der Hunsrück ist die Heimat von Hagen von Tronje, dem grauen, einäugigen Menschenfeind, hier soll er den mit Drachenblut geschuppten Siegfried ermordet haben.

Noch immer sieht man der Landschaft im Hunsrück an, wie mühsam die Menschen früher ihr Leben zusammengekratzt haben. Eine Region der Köhler, Besenbinder, Kleinbauern, des Schinderhannes und des armseligsten Bergbaus, den man sich vorstellen kann.

Halb im Erdboden versunken staken ein paar alte Bretter, ganz oben kleine Fenster, die sich nicht schließen ließen. In den Schacht gelangte man durch eine schief in den Angeln hängende Tür. Feiner grauer Schieferstaub wirbelte bei jedem Schritt auf, über die Hälfte der Schieferbergleute starb an Schwindsucht, die durchschnittliche Lebenserwartung betrug 45 Jahre, 15 Jahre weniger als andere Arbeiter im Deutschen Reich.

Dreißig Meter weit musste ein Arbeiter zwei bis drei Zentner auf dem Buckel schleppen, dann legte sich der erschöpfte Förderer auf den Boden und schnappte nach Luft.

Bis zum Ende des 19. Jahrhunderts wurde der Schiefer mit Muskelkraft getragen, erst dann setzten sich die Rutschen durch, über deren Holz das Gestein polterte.

Traditionell wurde nur winters im Eigenlöhnerbergbau Schiefer gefördert. Denn im Sommer ging die Feldarbeit vor. Aber die harsche Witterung ruinierte den Stein. Ohne Kapital wurde deshalb nur die beste Richt, so heißen die Ablagerungen des tonerdigen Schiefers, angegangen.

Da diese Methode höchst unrentabel war, verpachteten die bäuerlichen Grundeigentümer ihre kleinen Parzellen. Als sich der halbwegs industrielle Abbau durchgesetzt hatte und die Gruben zu wirtschaftlicheren Größen zusammengewachsen waren, schrumpfte innerhalb von dreißig Jahren die Anzahl der Gruben um mehr als die Hälfte, 1911 waren es nur noch neunzig.

In den Spitzenjahren des linksrheinischen Schieferbergbaus zwischen 1900 und 1905 konnten 45 000 Tonnen gewonnen werden, gleichzeitig drang immer mehr billiger Schiefer aus dem Ausland auf den Markt, um die 37 000 Tonnen kamen jährlich aus Frankreich, Belgien und Luxemburg.

Zu allem Überfluss verdrängte der billigere, aber nicht so haltbare Dachziegel den traditionellen Schiefer. Die roten Dachziegel lassen sich in jede Form bringen und passen sich dem jeweiligen Geschmack der Bauherren und der Zeit an. Der treue, karge deutsche Schiefer musste sich geschlagen geben. Die graue Farbe verschwindet wie ein scheues, ungeliebtes Tier.

Erika Bärtges und mir tun die Füße weh. Wir sind das Wandern beide nicht gewöhnt. Bei jeder Pause fängt Bella sofort an zu fressen. Wir wandern durch eine Waldschlucht, rechts ein kleiner Bach, neben und über uns Buchen. Die Abendstrahlen der Sonne lassen sich von den Blättern einfangen, als wollten sie jetzt nach Hause. Das wollen wir auch.

»Komm Bella, es ist nicht mehr weit.«

Ein ums andere Mal versuchen wir, dem Esel und uns Mut zuzusprechen. Die letzten Kilometer zu unserem Tagesziel Buch ziehen sich hin. Noch einmal geht es bergauf, die Schlucht hoch, dann kommen die ersten umzäunten Weiden als Vorboten von Zivilisation und Essen und Trinken und Schlafen und Ruhe. Ah, da ist endlich das Dorf, wiederum völlig menschenleer. Vor der Apotheke blinkt rot eine Digitaluhr, es ist halb neun. Dann sind wir auf dem Hof von Ingo angekommen. Ein mächtiger Mann, dem ein gewaltiger Schnurrbart quer über das Gesicht wächst, wie eine riesige Bratwurst. Ingo ist der Schmied, der Bella vor einer guten Woche beschlagen hat. Er sieht dem Chefredakteur des SZ-Magazins verdammt ähnlich. Bis auf den gewaltigen Bart natürlich.

Bella kommt in den Stall und frisst altes Brot. Sie

scheint glücklich zu sein. Endlich komme ich aus meinen neuen Wanderschuhen heraus. Das tut gut, der Schmerz scheint auszuatmen.

Am großen Küchentisch, bei Leberwurstbrot und Mineralwasser, versammeln sich einige Frauen. Erika Bärtges, die Frau des Schmiedes und ein paar Freundinnen aus Buch. Sie reden in ihrem verschliffenen Hunsrücker Dialekt über Männer und Pferde.

»Hast du den Johnny gesehen? Er schaut gut aus.«

»Beim letzten Reitertreffen war ja auch Peter da. Er hat jetzt eine Neue. Tinka.«

Es ist nicht einfach rauszukriegen, ob gerade von Menschen oder Pferden die Rede ist. Lusitano, Pinto, Quarterhorse, Trakehner, American Appaloosa – das ist alles doch etwas fremd für mich.

Um ehrlich zu sein, ich glaube, Tiere gehören in den Urwald oder in den Kochtopf. Als Kind sollte man anhand eines verstorbenen Meerschweinchens – bei mir war es eine im Winterschlaf verhungerte griechische Landschildkröte – die erste Todeserfahrung sammeln. Warum man aber danach Tiere als Gesellschaft haben will, hat mir nie recht eingeleuchtet. Ich bin ein Tierfreund, deshalb lasse ich sie in Ruhe. Vielleicht klingt das bei einem, der gerade mit dem Esel unterwegs ist, ein wenig komisch und inkonsequent, aber da kann ich jetzt auch nichts machen.

Morgen werde ich zum ersten Mal allein mit Bella sein. Was mache ich nur, wenn sie einfach stehen bleibt? Wenn ich irgendwo im Wald fünf Zentner lebendes Fleisch am Strick ziehe und nichts passiert?

Nach Buchholz

Meine Begleiterin ist nach Hause zu Familie und Hof zurückgekehrt. Jetzt kann ich mich nicht mehr auf die erfahrene Erika Bärtges verlassen. Ich trage den Eselsmist aus dem Stall, das verlangt die Höflichkeit als Wanderer, und zurre den Sattel fest. Ich habe Angst, dass Bella einfach nicht gehorcht, stehen bleibt und nichts macht. Und wirklich, nach zweihundert Metern, am Dorfrand, Ecke Gartenstraße/Hauptstraße, beobachtet sie ungerührt meine Versuche, sie anzutreiben.

»Los geht es, Bella, auf!«

Sie wartet noch ein paar Minuten, um ihre Ehre als Esel zu retten, dann trottet sie gnädig weiter. Es wird der Tag unseres Machtkampfes.

Immer wieder bleibt sie stehen um zu grasen.

»Weiter, Bella!«

Und es geht weiter. Mit der Zeit entspanne ich mich, manchmal lasse ich sie einen Mund voll nehmen. Wenn sie es übertreibt, gibt es mit der Gerte einen Klaps.

»Nun mach schon endlich!«

Wir sind beide untrainiert, mir schmerzen die Füße und Beine. Auch Bella ist das Wandern nicht gewöhnt, und so laufe ich meist nebenher anstatt zu reiten. Rechts und links der Feldwege steht der Weizen, goldblond wie zarter Haarflaum. Immer wieder wendet Bella sich zum Feldrain, um das leckerste Futter der Welt in sich hineinzuschlingen. Es ist August, überall blüht es, und das Getreide steht prall und reif. Zu allem Überfluss wächst in der Mittelspur des Feldweges hohes, saftiges Gras, und der Esel läuft mit gesenktem Kopf immer fressbereit voran. Sie hat so etwas noch nie erlebt, so viel Futter um sie herum. Immer und immer wieder zerre ich am Führungsstrick, damit wir vorankommen. Kaum erreichen wir ein neues Feld, hebt sie den Kopf, reißt ihren großen Kopf mit Macht herum, stülpt die Lippen um und lässt sie in Richtung Kornfeld flattern, ihre großen Zähne gebleckt. Sie zieht den Duft der Felder ein, bis zu den Riechschleimhäuten. Man nennt das Flehmen. Ein Ausdruck von unendlicher Sehnsucht, Gier und Hunger.

Manchmal gebe ich schlechten Gewissens nach, und manchmal versuche ich sie zu erziehen. Bitte, Bella, du sollst mich als Herrn anerkennen. Bitte.

Grüne Pflaumen liegen auf der Straße und vor allem Äpfel. Im Gras unter den Bäumen, da und dort hingekullert, halbe, braune, mit Wespen und Käfern drin. Bella bleibt stehen und nimmt das Obst vorsichtig, aber energisch, eventuelle Wespen vertreibend, auf. Wenn der Apfel zu groß ist, fällt ihr die Hälfte nach dem ersten Biss heraus, und sie bleibt kauend stehen, um auch den heruntergefallenen Rest zu fressen. Es ist mühselig, sehr mühselig. Wenn sie noch kauend von der letzten Mahlzeit aufs Neue mit einem plötzlichen Energieaufwand ins Feld rennen will, noch mehr fressen, noch mehr fressen, werde ich richtig wütend:

»Schluck erst mal runter!«

Außerdem bleibt sie beim Fressen stehen.

»Man kann kauen und gleichzeitig laufen, du faules Stück!«

Wieder trippeln wir durch eins dieser menschenleeren Dörfer. Bella trinkt am Brunnen, der Edeka hat geschlossen. Ein Bauer erklärt mir den Weg zum nächsten Ort durch den Wald. Dort, in einer weiteren Schlucht mit einem unsichtbaren Bächlein unterm vermoderten Laub, wo es nach Regen, Pilzen und Moos riecht, gabelt sich der Weg, und ich rate die Richtung. Wir kommen an eine kleine Furt, zu breit, um hinüberzuspringen, aber flach genug, dass ich mit den Wanderschuhen hindurchwaten kann.

Bella bleibt stehen und bockt. Sie will nicht. Eine Reiterin auf einem Haflinger schaut sich das Ganze an:

»Kann ich helfen?«

»Danke, wir schaffen das schon, was Bella?«

Ihr Pferd läuft ohne Mucken rüber, nur mein Esel stemmt seine Beine gegen den Strick. Wie peinlich, direkt vor den Augen eines Pferdes. Das sieht wohl auch Bella so, und endlich überwindet sie sich und läuft hinüber.

Ich habe es geschafft, jetzt kann nichts mehr schief gehen, ich bin der Herr und Meister. Ich schwinge mich in den Sattel und will weiterreiten. Aber das ist Bella eindeutig zu viel der Anstrengung. Sie bleibt stehen.

»Ho, ha!«

Sie bewegt sich, aber sie läuft rückwärts.

»He, was soll das? Dummes Ding!«

Ich ziehe und zerre an den Zügeln.

»Da lang, rechtsrum!«

Bella hört nicht. Kleinlaut gebe ich auf und steige ab. Ich habe wohl übertrieben. Brav trottet sie neben mir her, und ich habe das Spiel verloren. Nichts da Herr und Meister. Wir rasten ein paar hundert Meter weiter, ich binde sie an einer Wanderhütte an und ruhe mich auf der andern Seite aus. Nach ein paar Minuten ruft sie mich. Sie ist nicht gern allein.

»Ja, Bella, ich bin ja da.«

Ich streichel ihren verdammten Dickschädel.

Unser heutiges Ziel ist die Schöneckermühle, dort gibt es frischen Fisch aus eigener Zucht. Wir wandern durch den Wald, es riecht angenehm, Bella trödelt nicht. Ich bin gut gelaunt, bald sind wir da. Der Weg führt ein kleines Stückchen abwärts, zu einem Bach, fünfhundert Meter dahinter liegt das Gasthaus Schöneckermühle. Der Bach ist nur ein bisschen breiter als der, den wir vor ein paar Stunden überquert haben, knapp vier Meter, aber nirgendwo tiefer als sechs Zentimeter. Ein paar Steine und Matschinseln lassen das flaue Geplätscher noch harmloser aussehen. Aber Bella weigert sich wieder. Ich ziehe, laufe voraus.

»Siehst du, ist ganz einfach.«

Aber Bella will nicht.

»Okay, dann gehen wir halt über die kleine Holzbrücke.«

Bella setzt keinen Huf auf die Holzplanken. Wir wenden wieder und stehen am Bach. Sie stemmt alle Viere in den Waldboden und starrt mich an. Sie windet und wendet sich mit hoch erhobenem Kopf am Strick. Alles Zureden nützt nichts. Auch die Gerte ignoriert sie. Sie will nicht. Weder durch die Furt noch über die Brücke. Auch nicht an einer andern Bachstelle, wo sie vielleicht rüberspringen könnte. Bella will einfach nicht. Mir tun die Arme weh vom Ziehen. Ich wate durch den Bach und lasse das dumme Vieh an der andern Seite stehen. Außer Sichtweite setze ich mich an den Wegesrand – nur fünfhundert Meter bis zum Ziel – und warte. Die Einsamkeit wird sie schon hinübertreiben. Nach ein paar Minuten kehrt Bella mir den Rücken und läuft davon. In die Richtung, aus der wir gekommen sind.

Warte, du dummes Vieh, wir klären jetzt, wer hier der größere Dickkopf ist. Nur die Ruhe bewahren, sie wird schon wiederkommen. Ich warte. Bella hat das ganze Gepäck, ich habe nur den Geldbeutel und die Gerte bei mir. Ich warte. Wo bleibt sie denn? Nach einer Viertelstunde laufe ich ihr wütend hinterher. Miststück, Holzkopf, sturer. Sie ist nicht zu sehen. Ich gehe weiter in die Richtung, in die sie verschwunden ist. Sie bleibt unsichtbar.

Mit mir nicht, Früchtchen. Ich mache es mir auf einem Baumstamm gemütlich. Niemand kommt den Weg entlang, den ich hätte fragen können, ob er einen Esel gesehen hätte. Es ist schon erstaunlich, wie leer Deutschland ist. Ameisen gehen ihren undurchsichtigen Geschäften auf ihrem erratischen Zickzack-Kurs nach. Ein entfernter Vogel ruft unsichtbar aus der Ferne. Der Wind weht durch die Bäume. Es riecht nach Harz. Nach einer Weile gehe ich noch ein Stück, da, ein kleiner Hufabdruck, das muss sie sein, hier ist sie gewesen. Wieder warte ich.

»Bella!«

Nichts. Ganz ruhig bleiben.

Irgendwann halte ich es nicht mehr aus. Was soll aus einem einsamen Esel mitten im Wald werden, der sich verlaufen hat? Sie kennt sich ja hier nicht aus, wer weiß, was sie anstellt? Was soll aus mir werden, ganz ohne Gepäck? Wieder laufe ich den Weg zurück, den wir vor einer Stunde gekommen sind. Endlich, endlich sehe ich sie quer auf dem Weg stehen, Kopf und Ohren erhoben. Sie wartet gespannt.

Um nicht jeden Respekt zu verlieren, setze ich mich außer Sichtweite auf den Boden. Sie hat mich gesehen und gehört, den letzten Schritt muss sie machen. Und wirklich, ein paar trotzige Minuten später kommt sie angetrottet. Wir freuen uns beide, dass wir wieder zusammen sind. Sie reibt ihren schönen Kopf an meiner Schulter, ich streiche über ihre Schnauze und die weiche, warme Unterlippe. Brav läuft sie neben mir her, bis wir wieder bei der Furt sind.

Das gleiche Spiel beginnt. Sie stemmt und bockt mit aller Gewalt, ich schreie, ziehe und schlage. Alles vergeblich. Angeblich mögen Esel kein Wasser, weil sich darin die Sonne spiegelt. Aber hier sieht man die Sonne gar nicht. Ich lasse nicht nach, so kurz vor dem Ziel! Wohin sollen wir denn sonst? Wir müssen da rüber! Eine Stunde lang geht der Kampf, dann steht sie mit zwei Beinen im Wasser, dann mit drei, dann sogar mit vier. Und wieder bleibt sie stehen.

»Bella, weiter, rückwärts ist es genauso weit wie vorwärts.«

Bella pisst in den Bach. Machen Esel auch vor Angst in die Hose? Dann hat sie meine Argumente eingesehen und überquert das Wasser. Ich bin ihr so dankbar. Jetzt bin ich wirklich ihr Herr. Ich streichle sie, und wir laufen die letzten Meter zur Schöneckermühle. Geschlossen. Im August?! Welcher Schwachkopf schließt sein Ausflugslokal ausgerechnet im August? Das gibt es doch nicht. Deutschland, du nervst!

Es bleibt uns nichts anderes übrig, als müde und abgekämpft zum nächsten Ort zu laufen. Es geht bergauf, manchmal bleibt Bella stehen, dann muss ich sie wieder antreiben. Die Dämmerung hat alle Farben außer dunkelbraun und dunkelgrün verschluckt, müde und mit leerem Kopf gehen wir die letzten fünf Kilometer. Sie will wieder Äpfel fressen und grasen, ich will endlich ankommen. Schließlich erreichen wir Buchholz.

Ich binde sie vor der ersten Gaststätte an und erkundige mich nach einem Quartier. Für mich kein Problem, aber der Esel? Die üblichen Kettenraucher und Dauertrinker sitzen krummrückig an der Theke, auf Augenhöhe mit den Brüsten der resoluten Kellnerin. Wie Ferkel vor der Muttersau. Ohne den Kopf zu heben bestellen sie noch ein Pils.

Nach einer Weile ist ihr Ehrgeiz angestachelt, und sie überlegen, wo man das Tier unterbringen könnte. Ich trinke währenddessen drei große Apfelschorlen und esse eine Schinkenplatte. Ein äußerst gepflegter Witwer in karamellfarbener Kleidung versucht, etwas Konversation zu machen. Er ist auf Urlaub hier und unendlich einsam. Niemand will mit ihm reden, aber er behält die Fassung. Immer wieder hebt er an, wirft Kontaktversuche wie eine Angel in die Runde, aber niemand beißt an. Vermutlich ist seine Frau erst vor kurzem gestorben. Wie lange wird er noch seine karamellfarbene Fassade wahren können? Irgendwann wird er aus trauriger Einsamkeit verschlurfen.

Die Männer an der Theke diskutieren weiter, bis einer der Kettenraucher aufsteht und mir seine Wiese anbietet. Wir wandern noch einmal an den Dorfrand und binden Bella mit einem roten Seil an einen Baum. Es ist ein langes Seil, mit dem sie die Umgebung des Baumes abweiden kann.

»Gute Nacht, Kleines.«

Wird Bella morgen auf die Autofähre über den Rhein gehen, wenn sie sich schon so bei dieser Furt angestellt hat? Werde ich jeden Abend einen Platz für das Tier finden?

Nach Boppard

Am Morgen schmerzen meine Beine und Füße schrecklich. Die Reise habe ich direkt vom Schreibtisch begonnen, völlig untrainiert, gewandert bin ich das letzte Mal mit zwölf Jahren. Wie eine Bachstelze mit Rheuma stolpere ich vorsichtig ins Bad und dusche mich mit krummem Rücken. In den Armen zieht ein furchtbarer Esel-über-den-Bach-ziehen-Muskelkater. Seltsamerweise zieht sich der Schmerz wie zum Schlafen in die Knochen zurück, sobald ich die Wanderstiefel anhabe und meine Beine wieder den Wanderrhythmus aufnehmen.

Bella sieht einsam aus unter ihrem Baum, sie freut sich, mich zu sehen. Geduldig lässt sie sich bürsten und die Hufe auskratzen. Das sind meine morgendlichen Pflichten. Bella bleibt ruhig stehen, als ich ihr den Sattel auflege. Der Bauchgurt wird festgezurrt und die Trense ins Maul geschoben. Am Sattel hängen zwei Gepäcktaschen an kleinen Karabinerhaken, hinten drauf liegt quer eine grüne Schaumgummirolle. Als es losgehen soll, entdeckt Bella wieder ihre Vorliebe fürs Fressen.

»Bella, auf geht es.«

Die üblichen Anlaufschwierigkeiten. Jedes Mal

wenn ich aufbrechen will. Jedes Mal vor Publikum. Diesmal ist es der nette Kettenraucher, dem die Wiese gehört und der seine Kinder mitgebracht hat.

Bisher war es ein kalter, regnerischer Sommer gewesen, aber mit dem Beginn meiner Reise hat sich das Wetter gebessert. Es ist angenehm kühl, und wir kommen die ersten Kilometer gut voran.

Hinter dem Industriegebiet von Buchholz überqueren wir eine Eisenbahnlinie und reiten in den Wald. Senkrechte Streifen aus Holz und Luft, diese ganz einzigartige Luft von blättergefiltertem Licht und dem aufsteigenden Dunst des Waldbodens. Der weiche Weg unter den Hufen des Esels gibt leise Laute von sich, das Leder des Sattels quietscht und im selben Rhythmus wie ein Baby wiege ich mich durch das Old-Shatterhand-Land. Die Bäume schirmen den Himmel ab, ich fühle mich geborgen und doch nicht beengt. Der Wald ist etwas Wunder-Wunderbares.

Aber Waldwege krümmen und teilen sich, und sehr schnell verliert man die Orientierung, ich zumindest. Wir kommen an einer Straße heraus, da ist ein Bahnübergang, aber wo zum Teufel ist das auf der Landkarte? Was, Bahnhof Fleckertshöhe? Wir sind also nach Südost statt nach Nordnordost gelaufen, und die letzten, die schönen Waldkilometer haben uns keinen Schritt näher ans Ziel gebracht.

Wir laufen weiter, diesmal auf der großen Straße, die führt sicher in die richtige Richtung. Die Autos rasen an unseren, meinem und Bellas linkem Ohr vorbei. Das macht keinen Spaß. Zum Glück zweigt ein beschilderter Wanderweg ab, der sich nach ein paar hundert Metern allerdings teilt und wieder ohne Beschilderung bleibt. Bella zieht es auf eine Waldwiese, sie will Brombeerranken fressen. Und Blätter. Und das hohe Gras auf dem Weg. Manchmal lasse ich sie, manchmal ziehe ich sie weiter. Prompt meldet sich der Muskelkater wieder.

Die Straße taucht wieder auf, es geht bergab, zum Rhein. Motorräder heulen die Kurven herunter, stumpf und dumpf spulen wir unsere Kilometer ab. Der Asphalt ist von einem kleinen Regenschauer feucht, heruntergefallene Wacholderbeeren machen ihn schmierig. Bella schlittert mit ihren eisernen Hufen herum. Dann sehen wir den Rhein.

Nach Boppard kommen die Menschen in Bussen. Es ist ein Ausflugs- und Urlaubsort, mit allem, was dazugehört. Souvenirläden mit Muschelschmuckkästen, verdrehten Weinstock-Spazierstöcken, Sonnenuntergangspostkarten und Eisdielen mit Spagetti-Eis. Kreuzworträtsel und Heftchenromane in Großbuchstaben sind die kulturellen Höhepunkte. Über dem ganzen Ort liegt die Aura von Krankenhausfluren.

Man kann in Lehnstühlen sitzen und Bücher lesen, die ›Lachen ist gesund‹ heißen und deren Einband an diese staubigen Tütenlampenschirme erinnert, die man in den Nachlässen von Verstorbenen findet.

Werden diese Spießer-Idyllen, in die jeder Ort in Deutschland, der mit einem ›Bad‹ anfängt, verhaftet zu sein scheint wie in einem tausendjährigen Schlaf, einmal eingehen, weil die Kundschaft ausbleibt? Ein Drittel der Bevölkerung wurde nach der Auflösung der Beatles geboren, und diese Orte tun so, als wäre soeben das Grammophon erfunden worden.

Tack-tack, tack-tack macht Bella. Die Gepäcktaschen knicken die Rückspiegel der geparkten Autos am Rand. Bella scheint das nicht zu stören.

Die Uferpromenade am Rhein ist nur ein paar hundert Meter lang, weitere Spaziergänge unternimmt hier keiner. Wir erreichen die Autofähre, eine Brücke gibt es nicht. Der Rhein hat nicht sehr viele Brücken, denn Brücken über große Ströme sind teuer. Flussaufwärts ist die nächste in Mainz, rheinabwärts in Koblenz. Jede Viertelstunde legt die Fähre an, die Autos rumpeln den abschüssigen Steg hinunter in die breite, flache Stahlschüssel, die dann über den Fluss setzt. Nachdem die ankommenden Autos die Fähre verlassen haben und die wartenden eingefahren sind, haben wir ein paar Minuten Zeit, als Letzter diese unheimliche, ein klein wenig schwankende Brücke hinunterzulaufen. Bella will nicht.

»Wohl störrisch wie ein Esel?«, ruft jemand.

Das Schauspiel ist ein gefundenes Fressen für die Spaziergänger und das versammelte Tortenvernichtungskommando auf der Uferpromenade. Wir werden fotografiert und immer wieder mit denselben Fragen bombardiert. Etwa alle dreißig Sekunden fällt jemand die witzige Bemerkung ein:

»Wohl störrisch wie ein Esel?«

Immer wieder legt die Fähre an, der Anlegesteg rattert unter den Rädern der ankommenden Autos. Ich rede Bella gut zu und ziehe und ziehe und ziehe. Manchmal komme ich fast bis zum Ufer. Rentner knipsen, Kinder lachen.

»Ist wohl störrisch, was?«

Nach einer Stunde vergeblicher Mühe esse ich in einer Pizzeria zu Mittag. Du weißt, dass du in der Provinz bist, wenn jedes zweite Gasthaus eine Pizzeria ist und jede, wirklich ausnahmslos jede, Pizza Hawaii auf der Speisekarte hat. Am Nebentisch sitzt eine Ausflugsgruppe in meinem Alter. Eine Frau erzählt von ihrem Urlaub in Griechenland.

»Wie schimpft sich die Währung da?«

»Drachmen«

»Das klingt ja richtig griechisch.«

Mein witziger Nachbar ist genauso alt wie ich und trägt eines dieser formlosen Hemden in Aubergine, die schon neu gekauft verwaschen aussehen. Ich schaue von Pizza zu Pizza. Was ist das? Wo bin ich? Ist das richtig so?

Manchmal, wenn ich mit dem Esel vorbeiziehe, sehe ich Menschen hinter ihr Lenkrad gepresst, und alles um sie herum ist Angst. Sie bestehen nur aus Angst, aus Angst klammern sie sich an Regeln wie an ihr Lenkrad. Sie haben richtig weiße Fingernägel vom Festkrampfen. Der Esel erscheint ihnen wie ein Tier aus der Urzeit, aus der Menschenfresserzeit. Das Vieh könnte ausschlagen, vielleicht bin ich ein Räuber aus den Karpaten. Wir sind ein Anschlag auf ihre Welt. Was für eine Angst überall.

Ich bin aus meiner vertrauten Welt ausgestiegen. Ich bin im Wald, auf der Landstraße, in Bewegung. Mit Boppard und seinen Menschen hat beides nichts zu tun. Meine Knochen tun weh, mein Rücken, meine Beine, einfach alles. Wahrscheinlich kommt daher mein Hass auf die Menschen ringsum. Auf den dummen Witzbold in der Pizzeria, die Blümchenkleid-Omas mit ihren Henkeltaschen, braven Frauen mit den weißen Söckchen und dem sich stets vergewissernden Dauerlächeln, das noch minutenlang nachleuchtet, wie eine vergessene Nachttischlampe.

Dieser Hass ist auch ein Loslösungsprozess. Ich bin erst ein paar Tage unterwegs und wandele mich nur langsam zum Waldläufer. Und noch tut alles verdammt weh. Die Beine und die Arme. Kein Wunder, dass der Schmerz irgendwo raus muss, als Weltenhass.

Schmerz ist etwas Gutes, man findet zu sich selbst, wird klein, alles wird ein wenig unwichtiger, man wirft Ballast ab, wie eine Schlange, die sich häutet. Der Schmerz entrückt einen vom Alltag. Aber ein wenig baumelt das Bewusstsein auch wie ein Luftballon an einer Schnur.

Der Dandy wird vom Schmerz überwunden, habe ich einmal über Walter Serner gelesen, dessen Bücher ich jahrelang in der Jackentasche trug. Ich wollte so werden und so schreiben wie er. Selbst meine Liebesgeschichten habe ich nach ihm auszurichten versucht. Nur das dann zum Schluss nicht ich, sondern sie pfeifend um die Ecke ging. Walter Serner ist in Theresienstadt verschollen, ich hoffe mit gebügeltem Hemd, und ein schlauer Mensch hat geschrieben: Der Dandy wird vom Schmerz überwunden. Nachdem ich das gelesen hatte, wollte ich kein Dandy mehr sein.

Als ich meine Pizza aufgegessen habe, versuche ich wieder, Bella über den Fluss zu bringen. Der Kapitän der Fähre lässt mir immer wieder ein paar Minuten Zeit, den Esel hinüberzuführen, bevor er über den bundeswehrgrünen Rhein setzt. Zwei kleine Mädchen hopsen um Bella herum.

»Störrisch wie ein Esel«, lacht jemand.

Manchmal gelingt es mir, Bella bis an den Rand der Brücke zu schleifen. Dort sieht sie den stählernen Steg, bleibt stehen und stemmt ihre gesamte Kraft gegen mich.

Tausend Mal werden wir fotografiert und gefilmt.

»Wohl störrisch wie ein Esel, was?«

»Wo soll es denn hingehen?«

»Ist das ein Esel oder ein Maultier?«

Ich lege eine Decke über ihren Kopf, damit sie nicht sieht, wo es langgeht. Vergeblich, Bellas Panik wird immer größer. Sie beißt in meine Haare und mein Handgelenk, kräftig, es blutet sogar. Die Narbe wird noch wochenlang zu sehen sein. Manche versuchen zu helfen, darunter sogar ein Betrunkener, der Bella in den Hintern tritt.

Dann gebe ich auf. Wir gehen nach Koblenz zur nächsten Brücke. So ist das, wenn man mit einem Esel läuft. Ich habe es ja so gewollt.

Links steigen die Reihen der Weinstöcke an, wie riesige grüne Reißverschlüsse. Zwischen den Weinbergen und dem Rhein verläuft eine Bahntrasse und eine Straße. Schuck-schuck machen die Autos, schuck-schuck. Ein Freeclimber versucht eine glatte Wand am Hang hochzuklettern. Schuck-schuck. Für die Menschen im Zug und im Auto muss es eine romantische Fahrt sein, für uns nicht. Wir laufen auf dem Seitenstreifen und verstöpseln unser Bewusstsein. Schuck-schuck. Schuck-schuck. Fünf Kilometer hinter Boppard kehren wir auf einem Campingplatz ein und übernachten dort. Weit sind wir heute nicht gekommen.

Nach Neuhäusel

Menschen in Wohnwagen müssen besonders ordentlich sein. Ihre Zahnbürsten sind exakt in der Innenseite der Wagentür angeklemmt, Mama, Papa, Kind, alle Zahnbürsten kopfüber. Die Handtücher extra akkurat und glatt aufgehängt, jeder kleine Winkel ist mit etwas Praktischem, etwas Häuslichem, etwas Essbarem auszufüllen. Alles muss jederzeit vor den Nachbarblicken bestehen können, die durch jede Ritze und jede der vielen, vielen Türen fallen können, und sehen, ob alles schön ordentlich ist.

Am Rhein zeige ich Bella, wie gut Hagebutten schmecken. Die kannte sie noch nicht. Während sie vorsichtig mit ihren weichen Lippen die einzelnen Früchte am Busch aussucht und abknabbert, sammle ich noch ein paar Knospen ein und füttere sie, bis sie eine rote Zunge hat.

Zum ersten Mal sehe ich die romantischen Burgen und Flussbiegungen des Rheins aus der Wandererperspektive statt durch ein Zugfenster. Aber meine Wahrnehmung läuft irgendwie in die falsche Richtung. Die Burgen sehen aus, als ob die Restauratoren sich Modelleisenbahnen zum Vorbild genommen hätten, Hungerturm nach HO-Maß, Zugbrücke von Märklin. Den Schalter, um die Postmoderne auszuknipsen, habe ich noch nicht gefunden.

Bella und ich ziehen im selben Tempo wie die spazierenden Rentner an den Kuchencafés und den Anlegestellen der Ausflugsschiffe vorbei. Mannshoch sind die Flusskilometer an die befestigte Böschung gemalt. Die glänzenden Fachwerkhäuser protzen mit den Hochwassermarkierungen des letzten Jahrhunderts. Das Pflaster der Uferpromenade wechselt alle paar hundert Meter, das Muster jeder Toreinfahrt unterscheidet sich von dem des Nachbarn rechts und links und vom angelegten Weg. Darauf legt der Bauherr Wert.

Am Stadtrand von Koblenz spannt sich eine Eisenbahnbrücke über den Rhein. Bella weigert sich, den schmalen Fußweg am Rand zu betreten. Wie aus Protest legt sie ein paar Äpfel hin.

Wir müssen durch die Innenstadt von Koblenz. Die steingrauen Emailleschilder im Achtzigerjahre-Design von Marketing- und Image-Büros mit Achtzigerjahre-Namen lassen mein Herz höher schlagen in Achtzigerjahre-Arroganz. Manche haben das Recht arrogant zu sein, nicht wahr? Was könnte schlimmer sein, als in einem dieser Büros zu sitzen? Als Marketingdepp für Bauherrenmodell? In Koblenz? Vielleicht als vierzigjähriger fest angestellter Filmkritiker bei einem Stadtmagazin in Göttingen? Mit dem Geschmack von verpassten Chancen und Träumen im Mund?

Ich hoffe für alle, die so leben, dass sie früher mal rauschgiftsüchtig waren, damit sie wenigstens etwas vom Leben hatten. Und eine Ausrede.

Hea hoa!

Ich bin froh, dass ich nicht hier gelandet bin. Stirnrunzelnd hinter einem Konferenztisch. Lohnsteuer statt Abenteuer.

Bella geht über die Rheinbrücke, als wäre nichts dabei. Es ist eine große Autobrücke, und sie kann den Fluss nur auf einer Seite sehen. Sie sieht zum Glück nicht, wie das Wasser unter ihr durchfließt und auf der andern Seite herauskommt. Mit dem Rhein überschreite ich die erste Grenze meiner Reise.

Genau hier teilt ein unendlich langsames und meist stilles Knistern Europa von Basel bis zur Nordsee. Hier im Rheingraben entsteht soeben ein neues Weltmeer. Denn unter uns, in 25 Kilometer Tiefe, drückt Magma nach oben und wölbt die Erde.

Schwarzwald und Odenwald driften durch einen gewaltigen unterirdischen Druck nach Nordosten, Vogesen und Pfälzer Wald nach Nordwesten. Der Rhein hat sich nicht selbst sein Bett in mühseliger Arbeit erkämpft, sondern ist diesem tektonischen Rift gefolgt. Ohne diesen Sprung in der Lithosphäre Europas wäre der Rhein nach Süden durch die Burgundische Pforte ins Mittelmeer geflossen.

Unter dem Druck des heranbrausenden Afrikas wachsen die Alpen immer noch, vielleicht werden Matterhorn und Montblanc noch so hoch wie Nanga Parbat und K2. Hier, zwischen West- und Mitteleuropa, bildet sich ein Ozean. In etwa 45 Millionen Jahren werden Frankreich und Deutschland zwei unterschiedlichen Kontinenten angehören.

Die Epizentren der schwersten deutschen Beben in diesem Jahrhundert liegen alle um das schwäbische Albstadt herum. Man kann sie in einem kurzen Spaziergang besuchen. Baden-Württemberg ist deshalb auch das einzige Bundesland mit Bauvorschriften für Erdbeben.

Die Gegend zwischen Basel und Albstadt ist tiefschwarz in den Gefährdungskarten verzeichnet. Trotzdem sind nirgendwo in Europa so viele Atomkraft-

werke an einem Ort versammelt wie dort. Obwohl die Geophysiker inzwischen davon ausgehen, dass Tschernobyl von einem Erdbeben ausgelöst wurde, und zwar eins mit der lächerlichen Magnitude 2. Über so ein schwaches Beben berichtet nicht mal der Lokalteil des Schwarzwaldboten.

Es regnet, als wir gegen fünf Uhr im ›Thüringer Hof‹ von Neuhäusel ankommen. »Ein Zimmer kannste haben. Aber wo der Esel unterkommen kann, weiß ich nicht«, meint der mürrische junge Wirt.

Ich trinke meine siebte Apfelschorle des Tages. Bella steht unter einer Blaufichte am Parkplatz. Es regnet, ich warte. Neuhäusel ist ein kleiner Ort an einer Durchgangsstraße, der es seine Existenz verdankt. Seit zwanzig Jahren soll eine Umgehungsstraße gebaut werden. Ich will nie in einem Ort leben, wo es Umgehungsstraßen gibt oder welche geplant werden. Hat Berlin eine Umgehungsstraße? Hongkong? New York?

Wie in jedem Dorf liegen um Neuhäusel herum lauter Wiesen, ideal, um den Esel eine Nacht unterzubringen. Und wie in jeder Gaststätte hängen die üblichen Kettenraucher und Pilstrinker an der Theke:

»Du, das muss ich dir schon mal sagen, wie kann man so unvorbereitet einfach losziehen? Das ist doch unverantwortlich.«

Der da so weltmännisch tut ist einer von diesen Extra-Bescheidwissern. Ich bin erschöpft, es regnet, und der Hass steigt wieder auf. Der Hass ist mein Kumpel geworden, wie der Schmerz in den Füßen. Er zerreißt mich wie der Rheingraben Europa. Was für beschränkt gefaltete Vorstellungen müssen in diesem Bequemhirn gegeneinander klimpern wie Christbaumkugeln, wenn so ein Großsprecher es für gegen den Lauf der Weltordnung hält, hier mitten auf dem Land in den restlichen fünf Stunden Tageslicht eine Wiese finden zu wollen? Außerdem will sich dieser Hänger auch noch von mir zum Bier einladen lassen, weil er sich angeblich den Kopf zerbricht, wie man mir helfen könnte.

Der ›Thüringer Hof‹ ist eine gutbürgerliche Bleiglas-Butzenscheiben-Gaststätte, wo man sich mit dem Bügeln der Tischdecke mehr Mühe macht als mit dem lieblosen Kraut- und Rübensalat. An der Decke hängen hölzerne Kronleuchter mit diesen Lampenschirmen aus Stoff, die schon bei der Herstellung vierzig Jahre alt aussehen.

Um die Theke herum flackert ein flaues Kneipengespräch, wer alles im Ort Wiesen oder Pferde hat. Mit der Zeit kommt doch eine stattliche Anzahl heraus, aber die Telefonnummern fehlen, die Menschen sind im Urlaub oder aus anderen Gründen nicht erreichbar.

Dann löst sich im Hintergrund der schlappen Trinker ein junger Mann mit rotem Hemd, der Gärtnermeister Alexander, angestellt beim weltgrößten Produzenten von Weihnachtssternen und Geraniensteckligen. Er gibt sich wirklich Mühe, telefoniert eine halbe Stunde, und dann bekommt Bella eine nahe gelegene Pferdekoppel bei Joachim, einem netten Polizisten und Reiter.

Der ›Thüringer Hof‹ hat doch kein Zimmer für mich, also ziehe ich in die benachbarte Pension und esse ein Holzfällersteak mit Pommes frites an der Theke. Um mich herum sitzen die üblichen Pilstrinker und Kettenraucher und schauen der Bedienung zu.

»Da sieht man ja deinen BH-Träger.«

Die Kellnerin arbeitet weiter, zapft ein neues Bier. Gute Witze soll man wiederholen:

»Man sieht ja deinen BH-Träger.«

Sie antwortet doch, lächelnd, ein wenig geniert, aber auch abgehärtet:

»Das ist ein Body.«

Kellnerinnen sind wirkliche Helden. So ist es, wenn man in der Mitte der Thekenrunde steht, lauter einsame Männer um einen herum, wie Kühe an der Tränke. Es geht nicht nur um Bier, sondern auch um Sex, zumindest so viel, wie auf einer lallenden Zunge Platz hat:

»Oho, ein Body. Oho.«

Nach Holzappel

Mit dem Rhein habe ich noch eine andere Grenze überschritten. Ich werde zum Wanderer, der keinen Dienstag oder Donnerstag mehr kennt. Die Wochentage verschwinden. Wenn ich morgens voller Muskelkater losgehe, ist der vorige Tag bereits unendlich weit weg, eine abgeschlossene Welt. Dabei bleibt jeder Tag auf dieser Wanderung einzigartig. Im ständigen Weitergehen tauchen einzelne Erlebnisse und Bilder auf, die ich bis an mein Lebensende behalten werde. Straßenbiegungen, Hügelketten, der Wald. Meine früheste Kindheitserinnerung war eine Fahrt im Kinderwagen. Über mir das lichte Laub des Englischen Gartens. Ich weiß noch heute, wo genau das war, obwohl das nicht sein kann. Ich war keine zwei Jahre alt.

Beim Wandern werden kleine Ziele für ein paar Stunden unendlich wichtig. Alles was ich will, ist endlich, endlich nach Neuwelschdorf zu kommen. Auf den guten 1:5000 Landkarten wachsen solche winzigen Orte zu einer stattlichen Größe an.

Ich liebe Landkarten, dieses Geschenkpapier der Welt. Wie Umrisse von schiefen Spiegeleiern werden die Höhenzüge auf der Landkarte von zarten Isometren markiert. Isolinien nennt man die Linien gleicher Werte auf Karten. Isakrien z.B. sind Abweichungen vom durchschnittlichen Zeitpunkt des Aufblühens einer bestimmten Pflanze; Isobronten geben die Anzahl der Gewittertage im Jahr und das zeitliche Auftreten des ersten Donners an; Isochalazen die Polarlichthäufigkeit. Das muss man sich mal vorstellen, Polarlichthäufigkeit, dafür gibt es nicht nur ein eigenes Wort, sondern auch extra Linien auf Landkarten. Die Welt ist ja gleichermaßen von Wörtern wie von Karten überzogen, man kann da hineinstechen, und immer mehr Worte und Karten quellen hervor. Wovon man reden kann, soll man reden. Dann wird die Welt tiefer.

Nun, es gibt noch eine Begleiterscheinung des Allein-Rumvagabundierens, man wird ein wenig merkwürdig. Bei mir ist das jedenfalls so. Aber weiter im Text:

Es gibt einen direkten Weg nach Welschneudorf, durch den Wald. In der Nacht hat es geregnet, Tropfen hängen an den Halmen. Schlehe und Ginster wuchern in den Waldschneisen, es riecht nach Bärlauch, daneben steht schulterhoher Fingerhut. Bella frisst alles, aber zum Glück keinen giftigen Fingerhut. Immer wieder bleibt sie stehen, jetzt muss sie unbedingt Buchenblätter fressen. Oder alte Zweige. Der Eichelhäher warnt die Tiere vor mir. Aber der Eselsgeruch überdeckt den meinen. So entdeckt das Wild uns viel später als üblich. Rehe brechen durch das Unterholz, ein Fuchs flieht in leichtfüßig flachen Sprüngen und starrt auf dem verwilderten Waldweg verwundert zurück.

In keiner Karte verzeichnete, matschige Reifenspurenwege führen hügelan ins Dunkle. Wie Spinnweben filtern abgestorbene Äste den Abstand zwischen den Fichten, leicht und doch undurchdringlich, als wollten sie alle Blicke von draußen auffangen. Hier ist es dunkel, nur farblose Insekten halten es hier aus. Manchmal ächzen die Bäume, hoch und dunkel stehen sie da. Hier kommt keiner rein.

Es ist, als ob man sich unter tausend Bettdecken verkriecht, auch im Bett scheint es ja keine Grenzen zu geben. Wenn man gesund ist. Aber im Wald halte ich es länger aus, riecht es besser als im Bett, nicht so nach angestautem Ichselbst.

Es ist still. Stundenlang wandern wir weiter, ohne eine Menschenseele zu treffen. Im Wald gibt es keine Wegweiser, aber nach Stunden taucht endlich ein Tal mit einer Straße auf, ein paar Häuser, das muss Welschneudorf sein. Ich bin erleichtert und froh, denn im Wald war in mir die Angst aufgestiegen, ich könnte mich verirrt haben. Welschneudorf liegt in einem Tal mit einer Straße drin.

Jedes Dorf liegt im Tal, und in jedem Tal gibt es eine Straße. Es ist dasselbe Tal, in dem ich heute Morgen, vor vier Stunden, aufgebrochen bin. Wir sind in einem riesigen Kreis zu unserem Ausgangspunkt zurückgekehrt. Der Albtraum jeder Sahara und Antarktisdurchquerung trifft mich ausgerechnet im Westerwald.

Von einer höheren Warte, zum Beispiel hinterher, kann man das als romantisches Abenteuer sehen, jetzt ist es einfach nur ärgerlich. Sehr ärgerlich.

Wieder steigen wir denselben Hügel hoch, der noch genauso steil wie heute Morgen ist. Nur die Sonne steht höher und hat den Schatten verbrannt. Bella bleibt stehen. Vielleicht ist es ihr nicht nur zu heiß und zu steil, sondern sie hat gemerkt, dass wir hier schon mal waren, und sie hat nun das Vertrauen in mich verloren. Diesmal folgen wir der Asphaltstraße ein paar hundert Meter länger, und da ist auch der richtige Wanderweg nach Welschneudorf, er ist sogar ausgeschildert. Es ist ein angenehmer Höhenzug, immer geradeaus. Bella legt ihren Kopf auf meine Schulter, ich kraule ihre weichen Lippen. Zunächst wendet sie ihren Riesenschädel ab, kommt aber gleich wieder und will schmusen. Und sabbern. So richtig passen unsere Vorstellungen von Zärtlichkeit nicht zusammen.

Auf einer kleinen Holztafel steht: Limes. Unter dem trockenen Laub verlaufen ein paar hüfthohe Bodenwellen, wie eine Bugwelle im Wald. Das ist die ›Grüß Gott‹-Linie, nördlich davon sagt man ›Guten Tag‹. Bis hier sind die Römer gekommen, südlich des Limes begann die Zivilisation achthundert Jahre früher.

Plötzlich ist wunderbarerweise jeder Waldweg auf der Landkarte verzeichnet, und ich nehme eine Abkürzung und lasse jenes Welschneudorf, welches ich den ganzen Tag verzweifelt zu erreichen versucht habe, achtlos liegen. Jetzt ist es wertlos, vorbei. Es ist, als hätte ein Schmerz nachgelassen.

Kaum haben wir den Wald verlassen, schlägt uns die Hitze nieder. Der Sommer meldet sich mit Macht, die Hitze, die sich über die ganze Jahreszeit verteilen sollte, hat sich drückend angesammelt. Zack, wie ein Bügeleisen presst sich die Luft auf uns.

Bella wird langsamer, ich ungeduldiger. Sie scharrt mit den Hufen auf einem Feldweg, schnüffelt, als wäre da etwas vergraben, etwas, was sie unwiderstehlich anzieht. Ausnahmsweise nichts zum Essen, vielleicht ein Hengstgeruch, irgendetwas unterirdisch Überirdisches. Ich verstehe das Tier nicht, erst das Schmusen, dann das Trüffelgeschnüffel, was soll das?

»Auf geht es, Bella!«

Endlose Wege, blaugraue Melde, Kletten, violettsilbrige Disteln. Wir nähern uns unserem Ziel. Der letzte Weg für heute, die Sonne entschuldigt sich für die brennende Hitze und färbt den Himmel golden. Die Erde lässt die Felder ebenso golden zurückstrahlen. Und wir beide dazwischen, ganz allein in lichter, leichter Abendluft. Das war unser Tag.

Wir haben keine vierzig Kilometer geschafft. Bella grast auf einer Wiese vor einer Minigolfanlage bei Holzappel. Frau Neuber, die Pächterin, serviert ein Käsesandwich aus der Mikrowelle. Ich habe seit dem Frühstück nichts mehr gegessen. Eine Maus ist in einen Abfalleimer gefallen, und Frau Neuber bittet mich, sie herauszuholen, weil sie sonst darin umkommt. Anscheinend sehe ich Mäuse-rauszieh-kompetent aus. Die Betreiberin der Minigolfanlage organisiert eine Wiese für den Esel und für mich ein Bett im Dorf. Meine heutige Pension heißt ›Deutsches Eck‹, ich esse noch einen Strammen Max. Dann schlafe ich schnell ein. Meine Füße jucken.

Nach Arfurt

Wunderschön und anziehend führt der Weg morgens in den Wald. Die Gräser, Wimpermastkraut, die rote Schuppenmiere und der Acker-Hahnenfuß verbeugen sich zur Mitte hin, jedes Braun, jedes Grün der Welt flattert vorbei, als sei nichts dabei. Viel zu schön für ein Foto, für jede Beschreibung. Es ist diese Eins-zu-Eins-Welt, die man allerhöchstens mit einer gelungenen Metapher einfangen kann. Dieses sanft die Seele hochkriechende Glück.

Aber das Glück muss ziehen, es muss ein Abendziel geben. Ein Spaziergang geht im Kreis und misst sich nach der Zeit, Wandern nach den Kilometern gradeaus.

Das Gras wird höher, dornige Büsche überwuchern den Waldweg. Bella bleibt immer wieder stehen, hebt den Kopf: Muss ich da wirklich durch? – Ja, du musst. – Aber dann lass mich erst mal was fressen. – Aber nicht zu viel. – Jetzt reichts. – Es reicht wirklich!

Diesen stummen Dialog führen wir seit Tagen. Das Rauschen der Straße entfernt sich, der Weg führt weiter in den Wald, in unsere Richtung. Glaube ich. Immer mehr verschwindet der Weg. Nur noch stachlige Ranken, gestürzte Stämme, Urwald. Ein Hochsitz, eine Lichtung. Ein neuer Weg, am Unterholz entlang. Dann, endlich, eine Straße. Falsch war die Richtung nicht, aber auch nicht richtig. Wir halten uns talabwärts, unter jedem Apfelbaum bleibt Bella stehen, schnuppert und hebt einen Apfel auf. Irgendwann bringe ich ihr noch bei, dass man gleichzeitig laufen und kauen kann. Unten im Tal fließt die Lahn. Gebüsch fällt über den Uferrand wie einem Pony über die Stirn.

Es gibt diese uralte Frage: Warum machst du das? Und die hilflose Standard-Antwort: Um meine Grenzen kennen zu lernen. Aber dazu könnte man ja auch mit seinem Kopf gegen eine Wand rennen oder alle Straßen von Baunathal auf einem Bein entlanghüpfen. Ich bin kein Extremsportler, aber wie diese brauche ich ein Ziel. Arfurt zum Beispiel, Arfurt an der Lahn.

Nein, nein, meine Grenzen will ich ganz bestimmt nicht kennen lernen.

Es geht um das Erlebnis einer Reise. Wenn jemand Rio de Janeiro sehen will, steigt er in ein Flugzeug und ist zwanzig Stunden später da. Dann fliegt man wieder zurück und hat Rio gesehen. Es ist, als hätte man eine Tür im selben Haus geöffnet oder als wäre man aus einem Koma erwacht. Mit einer Reise, mit erlebtem Fortbewegen, hat das nichts zu tun. Wer mit dem Auto oder der Bahn fährt, sieht die Landschaft so ermüdend vorbeiziehen, als ob er träumend in einen tiefen Schacht fällt, und um einen flirrt die Umgebung, Geschwindigkeit verwandelt die Landschaft in eine Tapete.

Die Welt durch einen Esel zu erleben ist ein neues Medium. Als ob ich durch ein buntes Glas schaue.

Es ist, glaube ich, Zeit, ein ganz schreckliches Wort aufzuheben: Selbstverwirklichung. Das dräut ja schon länger wie eine donnergefüllte Wolke hinter dem Horizont. Okay, heben wir es wie mit einer Pinzette aus einer ekligen Lösung, so wie Fotografen ihre Abzüge aus dem Fixierbad: Selbstverwirklichung. Dieses Wort stinkt nach allem, was ich hasse.

Was ist damit gemeint? Kann man sein Selbst verwirklichen? Gibt es einen Kern, der sich verwirklichen will, wie aus einer Walnuss ein Baum werden will? Sind also in mir Vorstellungen, angeboren oder in der Kindheit erworben, die mich mit dem Esel durch Deutschland reiten lassen?

Es gibt ja diese bei der Geburt getrennten eineiigen Zwillinge, die erstaunliche Parallelen entwickeln. Zum Beispiel, dass beide Gummibänder um das linke Handgelenk tragen oder einen runden Holztisch unter einem Baum vor ihrem Haus haben. Und beide Holztische haben in der Mitte auch noch ein Loch. Demnach müsste es Gene geben, die das Gummiband-am-linken-Handgelenk-Tragen vererben. Wie alt kann so eine Vererbung sein, gab es schon vor der Entwicklung von Gummibändern jenes Gen, welches seit dem Pleistozän darauf wartet, sich selbst zu verwirklichen, so wie es mir angeboren sein könnte, mit einem Esel von Horbruch nach Osten zu ziehen?

Oder habe ich irgendwann beschlossen, jener Mensch zu werden, der mit einem Esel durch Deutschland geritten ist? Eine Futur-Perfekt-Persönlichkeit? So wie Don Juans eine zukünftige Zahl anstreben?

Diese Reise wird sich wie ein weiterer Jahresring um meine Seele legen, keine Frage, und sie ist prima dazu geeignet, anzugeben und Frauen zu beeindrucken. Wobei, das habe ich schon festgestellt, Abenteuer auch schädlich sein können, denn man entfernt sich zu weit vom Alltagsleben, und es fällt verdammt schwer, Interesse für Hausarbeiten von hübschen Touristik-Studentinnen zu heucheln. Das fällt mit zunehmendem Alter sowieso immer schwerer, wenn man nicht völlig sexbesessen ist. Wenn ich das wäre, würde ich wohl nicht wochenlang zölibatär durch die Pampas ziehen.

Was war noch mal die Frage? Selbstverwirklichung? Muss das wirklich sein? Kann man die Frage nicht zurückstellen? Ja?

An der Lahn führt ein Radwanderweg entlang. Rechts sprudelt Wasser aus einem Rohr hervor, läuft unter dem Asphalt durch und ergießt sich in die Lahn.

»Bella, das ist keine Brücke! Es gibt gar keinen Grund, nicht weiterzulaufen! Du dummes Vieh! Komm schon, sei brav. Hier, Apfel. Essen, brave Bella, essen und dann weiterlaufen ... Das ist doch keine Brücke, glaub mir doch ... Es ist doch nur ganz wenig Wasser ... Du willst wirklich nicht? Muss das sein?«

Leider bin ich kein Eselsflüsterer, und Bella erkennt meine Deutung des Kanaleinlaufs nicht an. Sie hält ihn weiter für eine Brücke. Es muss also sein, wir gehen zurück ins Dorf und nehmen die große Straße. Dort treffe ich einen Vater und seinen Sohn, die die Lahn mit einem Bötchen befahren. Es ist ein winziges Schiffchen mit einem extrem lauten Motor. Sie kommen kaum schneller voran als wir, ich höre das Knattern schon eine halbe Stunde, bevor sie mich erreicht haben. Ebenso lange dauert es, bis ihr höllisches Geknatter wieder hinter den Flussbiegungen verklungen ist. Bei den Schleusen hole ich sie wieder ein, und später erreichen und überholen sie mich dann wieder, langsam, aber laut knatternd, wie einer dieser brutalen Rasenmäher in der Mittagsruhe.

Grün und schön fließt die Lahn dahin, Weiden lassen ihre Zweige hineinhängen, Wassersportler ziehen mit Kajaks vorbei, Familien haben sich Kanadier ausgeliehen. Die Väter zeigen, wie man das alles so macht, die Söhne wollen noch forscher sein, die Mütter machen sich Sorgen. Und die Töchter werden nass. Dank der ausgezeichneten Akustik über Wasser verbreiten sich alle Geheimnisse des Familienlebens wie in einer Nachmittags-Talkshow.

Gestern war Montag, an dem Tag hat die Hälfte aller Gasthäuser Deutschlands ihren Ruhetag, genau diese Hälfte haben wir gestern angesteuert. Heute begegnen wir der anderen Hälfte: die am Dienstag ihren Ruhetag nimmt. Ich habe einen Mordshunger.

In Limburg haben wir den Rand der Landkarte erreicht. Ich binde Bella an einen Baum am Fluss neben einer Sitzbank fest und kaufe in einem Supermarkt ein. Anscheinend bin ich in den letzten Tagen durch ein Rost gefallen, in ein anderes Land. Der Luxus, das helle Licht, das Angebot überwältigt mich. Überall sehe ich glänzend verpackte Salami und sauber gewaschene Kinder, die Überraschungseier schütteln. Ich kann mich gar nicht entscheiden, es ist alles so bunt hier.

Auf der Bank setzen sich zwei Penner zu mir, der linke hält sich noch im sozialen Netz, er stellt die Fragen, die alle stellen: Woher, wohin, warum? Der an meiner rechten Seite ist bereits ins soziale Nirgendwo gefallen und brummt nur noch vor sich hin. Ich bitte zwei Spaziergänger, ein sauberes Pärchen in ihren besten Jahren, einen Blick auf ihre Wanderkarte werfen zu dürfen. Skeptisch schauen sie mich an, als hätte ich nach einer Mark gefragt. Gehöre ich nicht mehr dazu?

Sie kennen keine gesetzte Ordnung, sie leben ganz in Freiheit, trinken und essen, wann es ihnen gefällt. Sie machen sich keinerlei Sorgen, nicht einmal von der einen Mahlzeit zur nächsten, und schon gar nicht um den kommenden Tag.

Ja, vielleicht hat Montaigne in seinem Essai ›De Cannibales‹ an mich gedacht, wie ich hier auf einer Parkbank an der Lahn sitze zwischen zwei anderen Edlen Wilden. Ein Begriff, der vor 330 Jahren zum ersten Mal in der Literatur auftauchte:

I am free as Nature first made man
Ere the base laws of servitude began
When wild in woods the noble savage ran.

Meine Füße schmerzen unendlich, jeder Schritt jagt Feuer in meinen Rücken. Ich weigere mich, Hunderte von Metern zu gehen und ein Geschäft mit Landkarten zu suchen. Ich weiß, dass der schönste Weg direkt an der Lahn entlangführt. Aber der Fluss krümmt sich in Dutzenden von Kilometern, die ich abkürzen könnte. Wir folgen erst mal dem Fluss. Der Weg führt über ein Stauwehr. Ich kehre um, ohne zu versuchen, Bella da rüberzubringen.

Also ziehen wir durch Limburg, halten bei Rot an der Ampel und wandern auf einer langen, langweiligen Straße, vorbei an futuristischen Möbelhäusern, die wie Ufos in den Feldern gelandet sind. Die Erschöpfung steigt mir bis zur Kehle hoch. Automatisch geht es weiter. Mein innerer Monolog verstummt, ich werde rammdösig. Nur noch selten bilden sich irgendwelche Gedanken, man kann direkt zusehen, wie bei einem lecken Wasserhahn, wo sich langsam, unendlich langsam ein Gedankentropfen wölbt und dann seufzend loslässt.

Ein Auto bleibt stehen, ein kleiner wilder Mann steigt aus:

»Suchst du Arbeit?«

Es ist ein altes, kleines Auto. Ein apathische Frau sitzt auf dem Beifahrersitz.

»Willst du mit deinem Esel zum Zirkus?«

Da ist sie, die Chance. Auszubrechen, ich glaube, man nennt das Aussteigen, ein ganz anderes Leben anzufangen, mit dem Zirkus herumziehen und in Fußgängerzonen betteln, sich fallen lassen und die Reise über Monate auszudehnen und ins Ungewisse zu ziehen.

Die Augen des Mannes haben etwas Freies, Ungebundenes, als ob sie vom Horizont geschlitzt wären. Wie ein Seemann oder ein Bergsteiger. Einer, der sich von unten am sozialen Gitter festhält, welches die obere von der unteren Welt trennt. Seine Beine baumeln über der freien Marktwirtschaft des informellen Sektors der Vagabunden, fliegenden Händler, Windschutzscheibenputzer und Straßenrandwahrsager.

»Nein danke, ich suche keine Arbeit.«

Verständnislos und enttäuscht sieht er mich an. Er muss extra hinter mir hergefahren sein.

In Arfurt gibt es keine Pension. Unter einer Kastanie auf einer Wiese zwischen Sporthalle und Lahn mache ich Quartier. Die braune Schabracke aus Schaffell bedeckt den Sattel, darunter habe ich die Schaumgummimatte ausgerollt. Über dem Leinenschlafsack liegt die knisternde Rettungsfolie aus dem Erste-Hilfe-Kasten, die die Körperwärme von Schockopfern speichert. Damit diese dünne, silbrige Fahne nicht wegfliegt, liegt darüber mein Regenponcho der Bundeswehr. Das ist eine sehr gute und völlig ausreichende Kombination, zumindest im August. Ich habe keine Lust, essen zu gehen, mir schmerzen die Beine zu sehr. Wo soll ich Bella auch so lange hinstellen?

Es ist Abend, die Zeit für die Hunde von Arfurt, Gassi zu gehen. Genau auf diese Wiese. Arfurter kommen, betrachten mein schlampiges Lager auf ihrer Dorfwiese und gehen weiter. Die Sonne scheint mir sanft ins Gesicht, ich lese ein wenig. Eine Hundebesitzerin bringt einen Eimer Wasser für Bella, ein älteres Pärchen füttert sie mit Riesenzucchinis aus dem eigenen Garten. Später am Abend kurven GTIs und BMWs auf den Parkplatz, dumpf bumpern drinnen die Bässe, junge Sportler steigen breitbeinig aus, und Sporttaschen schlenkernd gehen sie in die Halle zum Fußball spielen. Irgendwann schlafe ich ein. Nachts will ein Tierfreund die frei laufende Bella retten und sie mitnehmen.

»Ne, halt, die gehört mir.«

»Oh, Entschuldigung, ich habe Sie nicht gesehen. Ich dachte, der Esel wäre ganz allein hier.«

Dann kann ich weiterschlafen. Alle paar Stunden besucht mich der Esel unter meiner Kastanie und schnüffelt, ob ich noch da bin.

Nach Tiefenbach

Himmlisch gespenstisch erhebt sich der Frühnebel aus dem Flussbett der Lahn. Ein friedlicher Dunst ohne erkennbaren Ursprung und ohne Ziel. Die Sonne steht noch hinter den Höhenzügen, und die Farben sind noch alle verschlafen blass. Alles ist etwas frisch, ich will noch nicht aufstehen.

Morgens erlaube ich Bella, sich an einem der Weizenfelder den Bauch voll zu schlagen. Esel, heißt es, sind die einzigen Tiere ohne Fressschwelle, wenn man sie lässt, würden sie ununterbrochen alles in sich hineinschlingen. Im Tierfreundland Deutschland ist Verfettung auch die häufigste Todesursache für Esel.

Dann bin ich mit Frühstück dran. Bella ist allerdings nicht so geduldig. Während ich in einem Eduscho-Shop Kaffee trinke, schreit sie nach wenigen Minuten am Baum draußen heiser keuchend vor Einsamkeit.

Die Sonne steigt höher. Der Asphalt glüht langsam von unten auf die Schenkel, wir haben uns ins große Vorwärts eingereiht. Am linken Ohr das ständige Wusch-wusch der Autos, wir ziehen voran, als gäbe es nichts anderes. Wir bleiben bis Selters, wo das Mineralwasser herkommt, auf der rechten Lahnseite. Ich bestelle in Selters einen Überkinger und bekomme eine Königin-Christine-Quelle.

Der Radwanderweg führt über eine Stahlbrücke für Fußgänger. Bella würde nicht nur das Wasser rechts und links vorbeifließen sehen, was sie nicht ertragen kann, sondern durch das Eisengitter auch noch direkt unter ihren Hufen. Daher kommt übrigens der Begriff Eselsbrücke, das Stutzen des Esels vor der vermeintlichen Gefahr – das Wasser unter der Brücke – wurde übertragen auf nur vermeintliche Schwierigkeiten im Bereich der Logik und Mathematik. *Pons asini* wurde früher an den Schulen für einen Satz des Euklid gebraucht, im Süddeutschen auch für den Satz des Pythagoras. Den Begriff Eselsbrücke findet man in den meisten europäischen Sprachen. *Das Etymologische Wörterbuch der deutschen Sprache* meint: Zugrunde liegt dem allen wohl die letztlich auf Plinius zurückgehende Volksmeinung, dass ein Esel keine Brücke überschreitet, wenn er durch deren Belag das Wasser sehen kann. Plinius hat Recht, Etymologisches Wörterbuch.

Von Selters führt aber auch ein Waldweg nach Tiefenbach, unsrem Ziel. Wir tauchen wieder ein ins Buchen- und Kiefer-Halbdunkel. Nach einer Weile sehe ich Häuser durch das Grün schimmern, undeutlich wie im Spiegelbild einer Pfütze, und ich entscheide mich für eine Abkürzung, direkt darauf zu. Da ist dieser lichte hellgrüne Waldrasen, das schöne, aber gefährliche Callamcrostis. Dieses Gras lässt keine anderen Pflanzen hoch und erstickt den Waldboden. Hüfthoch wachsen die Brennnesseln. Es gibt einen Urwald in Deutschland. Zwischen Selters und Tiefenbach muss man nur den Weg verlassen, dann geht es steil abwärts in den Dschungel. Baumriesen vermodern, Dornenranken und rote Blüten an riesigen Stängeln erheben sich über einen, man versinkt förmlich im Wald.

Hier steigen Kindheitsträume auf, viele Erinnerungstaschen sind mit Wald gefüllt. Mein erster Berufswunsch war Förster, mein Lieblingslied *Der Jäger aus Kurpfalz*. Dann kamen die Sessel-Sessions mit Karl May. Ich saß im Lehnsessel meiner Tante an der Nordsee und vergrub meine Hände zwischen den Polstern. Da gab es Krümel, manchmal fand ich auch ein verloren gegangenes Zehnpfennig-Stück. Und ich habe gelesen. Es müssen Wochen und Monate gewesen sein, die ich mit dem neurotischen Old Firehand und dem begnadeten eselreitenden Sachsen Sam Hawkins verbracht habe.

Meine Pubertät war geprägt von einem Vernichtungswillen alles Schönen, also las ich de Sade, sah mir Kettensägermassaker im Kino an und wurde Punkrocker. Ich wollte hart werden, so hart wie die Welt.

Aber es gab und gibt noch eine andere Seite: Der Traum von einem Blockhaus im Wald, weg von der Zivilisation. Nur spiegelglatte Seen. Hohe Tannen wie in Thoreaus *Walden*. Einmal habe ich mit einer Freundin eine Woche ohne Geld im Wald gelebt. Wir haben uns von Äpfeln, Beeren und Pilzen ernährt. So war zumindest der Plan. Meistens haben wir allerdings gehungert und halbe, liegen gelassene Brezelreste vom Volksfest aufgesammelt. Vor ein paar Jahren habe ich als Waldarbeiter in Sachsen gearbeitet, nur um ringsum Wald zu spüren. Jeden Morgen bin ich um fünf Uhr aufgestanden und habe Rinde von Baumstämmen abgeschält. Es gab da einen einhändigen Oberförster aus dem Dorf, vor Jahren hatte ihn beim Gewehrreinigen sein Dackel angesprungen, ein Schuss löste sich, und die Hand des Oberförsters war weg. Das hat er nicht überlebt, der Dackel. Noch blutend hat ihn der Oberförster erschlagen.

Als ich als Kind den *Glöckner von Notre Dame* las und zu der Stelle kam, wo Esmeralda von dem Schuft, wie hieß der gleich noch?, das Brusttuch weggerissen bekam und sie mit ihren Händen ihre nackten Brüste bedeckte, da spürte ich zum ersten Mal, dass die Geschwindigkeit beim Lesen nicht unbedingt ein Vorteil ist. Die Stelle war viel zu schnell vorbei. So wie ein Sumpfsee im Fenster eines Intercitys.

Lesen und Reisen. Wenn es etwas gibt, was mich über den Horizont zieht, dann ist es Lesen und Reisen. Man gleitet dahin und lernt fremde Welten kennen. Wie eine Geschichte braucht auch eine Reise ein Ziel, oder zumindest einen Grund. Straßen sind wirklich so etwas wie die Zeilen in einem Buch. Man nimmt sie nur in der Bewegung wahr, es geht immer weiter, was hinter einem liegt, ist uninteressant. Die ganze Welt ist voller Straßen, die einen irgendwohin führen, ebenso wie die Welt voller Bücher, gestapelter Zeit. Niemand kann alle Straßen ablaufen, niemand alle Bücher lesen. Und doch hängt unser Schicksal davon ab, welche Straße wir nehmen oder welche Bücher wir lesen. Die Weltliteratur besteht zu einem großen Teil aus Reiseerzählungen, eben weil Reisen und Erzählen sich so ähnlich sind. Der Held ist dabei das Netz, das durch die Welt zieht, und gleichzeitig das Plankton, welches durch die Barten des Leviathan zieht. Gilgamesch, Parzival, Don Quixote, Justine,

Arthur Gordon Pym, Huckleberry Finn, Der Schut. Vorwärts, vorwärts, vorwärts. Everyone goes …

Es gibt diese Geschichten von Männern, die auf einem Fluss in den Urwald vordringen. Dabei wird das Gebüsch rechts und links am Ufer immer enger. Außerdem wird es immer schwüler und unheimlicher, ja sinnlicher, modriger. Um genau zu sein, ich kenne zwei solche Geschichten, Joseph Conrads *Herz der Finsternis* und deren Filmadaption, Francis Ford Coppolas *Apocalypse Now*. Am Ziel, dem Herz der Finsternis, treffen die flussfahrenden Männer auf einen unheimlichen Glatzkopf, um dessen Hütte abgeschlagene Männerköpfe aufgespießt sind. Dieser ganz vom fiebrigen Dschungel infizierte Mann hat *keinerlei Hemmungen, seine verschiedenartigsten Gelüste zu befriedigen.*

Das Grauen! Das Grauen! sind die letzten, etwas hilflosen Worte des unheimlichen Kranken, bevor er stirbt. Die Männer heißen übrigens Colonel Kurtz. Es sind Kurtz-Geschichten.

Der Wald war ungerührt, wie eine Maske – schwer, wie das geschlossene Tor eines Gefängnisses –, er blickte mit dem Ausdruck verborgenen Wissens, geduldiger Erwartung, unnahbaren Schweigens.

Nachdem Kurtz gestorben ist, zieht sich der erschöpfte Held zurück und lässt sich postorgiastisch müde flussabwärts treiben. Wie Huckleberry Finn auf dem Mississippi.

Wenn ein paar Schlaumeier erotische Landschaftsbeschreibungen psychoanalytisch deuten, dann entlarven sie die armen Dichter in der Regel als ziemlich verklemmte Würstchen. Die Schlaumeier selber sind natürlich auf der sicheren Seite.

Ich glaube, es ist ein Fehler, wenn man Geschichten abpellt, um an einen sexualneurotischen Kern zu gelangen. So eine Deutung ist nur die Übersetzung in eine andere Sprache, aber nicht das, was auch immer die Welt im Innersten zusammenhält. Freuds Märchen von Penisneid, Ödipuskomplex und Thanatos sind große Literatur, aber sie sind nicht wahrer als andere große Literatur.

Beim Wandern werde ich zum Amphibium. Wie ein Frosch, dessen Pupille durch die Wasseroberfläche geteilt wird, sehe ich zwei Welten, Wildnis und Zivilisation. Das ist Deutschland, das bin ich. Und dann gibt es noch etwas Drittes, da oben, wie ein Fesselballon, Kultur, Erinnerung, Träume. So wie die nächste Aral-Tankstelle durch die Bäume des Waldes schimmert, so ist auch das Reich der literarischen Fußnoten immer nah.

Wie in der Landschaft gibt es auch in der Literatur *Stellen.*

Manchmal öffnet sich der Wald, wie ein Exhibitionist hebt er seinen Mantel und zeigt nackte Landschaft. Goldflaumige Stoppelfelder gießen sich über Täler und lang gestreckte Hügelzüge, ausgebreitet wie eine sonnenbadende Frau. Diese Kurven, diese Linien!

Bella ist großartig. Der beste Esel der Welt. Sie folgt mir den steilen Waldabhang herunter, hinein ins dichte Unterholz. Eng an eng stehen die Fichten, totes Gehölz streift unsere Gesichter. Bis auf ein paar Spinnweben keine Spur von Leben. Der abfallende Untergrund ist rutschig, wir stolpern über Wurzeln, die Bäume scheinen darauf zu warten, dass sie uns die Köpfe einhauen dürfen.

Dann kommen wir wieder auf einen Weg. Wir laufen zwischen harmlosen Buchen entlang. Die Häuser, die ich vorher gesehen habe, sind seltsamerweise verschwunden. Der Abstieg war wohl etwas sinnlos, wir hätten dem Weg einfach nur weiter folgen sollen, dann wären wir in einem sanfteren Abstieg auch hier gelandet. Es war anstrengend, aber diese Urwald-Passage hat uns enger zusammengeschweißt. Gell, Bella?

Tiefenbach ist ein Kurort. Ich bin kreuzlahm, die Beine schmerzen, die Füße brennen. Ich kann keine hundert Meter mehr gehen, aber wir müssen, denn das Gasthaus liegt am anderen Ende. Dörfer sind ein Problem, denn immer wieder muss ich Bella von den Zierbeeten wegzerren. Sie frisst zwar keine Blumen, aber sie schnüffelt an ihnen herum, bis so ein Geranientopf verwüstet ist. Geranien sind schnell verwüstet. Am Gasthaus leckt sie die Tischplatte ab und kaut an Bierdeckeln herum. Einkehrende Gäste parken ihre Autos direkt vor dem Tier. Ein Fahrer schaut misstrauisch zu Bella hin, die ihm zu nahe an seinem Lack herumstapft.

»Zum Glück ist sie versichert«, lüge ich.

Der Wirt verständigt seine Schwägerin, auf deren Reiterhof ich untergebracht werde.

»Ganz einfach den Weg hoch und oben links halten. Der erste Hof, den sehen Sie sofort.«

Das stimmt nicht ganz, denn der Hof ist von Bäumen völlig verdeckt, und was nun der erste Weg links ist, darüber kann man auch unterschiedlicher Meinung sein. Mit letzter Kraft schleppe ich mich zum Jägerhof. Zwei kleine, fiese Hunde bellen wie geisteskrank, in ihrer Nähe versteht man sein eigenes Wort nicht.

Frau Kahl trägt eine weiße Bluse und zwei Eheringe an der rechten Hand. Sie ist die Reiterhoffrau par excellence: Eine resolute Witwe, die mit großen Schritten und energischen Ansagen für Ordnung sorgt. Im Wohnzimmer hängen Fotos ihres verstorbenen Mannes. Ein kräftiger Jäger mit rotem Vollbart. Der Jäger aus Kurpfalz. Märchenbücher lügen nicht. Wenn Hannelore Kahl auf ihrem Unimog, Baujahr 1958, durch die Felder prescht, mit Wasserfässern beladen, hat sie immer noch etwas mädchenhaft Beschwingtes. Frau Kahl zeigt mir mein Zimmer, ein Muster an Ordnung.

»Ich wusste ja nicht, dass Sie kommen, also muss ich noch sauber machen. Die Fenstersimse außen abwischen. Gehen Sie noch mal ins Dorf und essen Sie dort zu Abend.«

Ich bin nun schon fast erwachsen, und manchmal denke ich, man sollte mich vielleicht nicht mehr wie einen kleinen Jungen herumschicken. Andererseits erkenne ich die Regeln an, Märchenbuch-Reiterhof-Frauen müssen so sein. Also gehorche ich. Wenn mir nur nicht jede Faser meiner Beine so schmerzen würden. Noch einmal laufe ich ins Dorf, vorbei an Mais- und Weizenfeldern. Oskar, der Wirt und Schwager von Frau Kahl, serviert ein Riesensteak. In Hessen wird das Essen in Quadratmetern gemessen.

In Tiefenbach

In Tiefenbach lege ich meinen ersten Rasttag ein. Die Sonne scheint, ich lese im Schatten auf einer Liege ein Buch, ein Frauenbuch hatte es der Buchhändler genannt. Das Buch handelt von einem Buch. Sehr viele Bücher handeln von Büchern, geheimnisvollen Manuskripten, meistens aus dem 18. Jahrhundert. Das fing vermutlich mit Umberto Ecos *Der Name der Rose* an. Seitdem schreiben Schriftsteller über das, was sie kennen: Bücher. Jeder Satz schmeckt nach Fotokopien, aus denen mit gelben Markern Sätze angestrichen wurden, die dann, dem Zweck angepasst, im Buch über das Buch auftauchen. Vielleicht sollte man wie bei Nahrungsmitteln auch auf Büchern vor den Inhaltsstoffen warnen: Dieser Autor hat sechs Jahre Literaturwissenschaft studiert. Und sonst nichts.

Dabei liebe ich Bücher, die einem Welten öffnen, und ich liebe auch die Geschichte und die Geheimnisse alter Bücher, dieses leise Knittern beim Umblättern, den modrigen Geruch und dieses ›ſ‹, die altertümliche Schreibweise von ›s‹, welches ich immer wie ›f‹ lese. Dann lispelt das Buch.

Auf Reiterhöfen wimmelt es von Mädchen im Alter von sechs bis sechzehn. Danach wechseln sie ihre Interessen oder haben ein eigenes Pferd und verschwinden damit im Wald. Zwei kleine Mädchen, sechs und zwölf Jahre, streicheln und füttern Bella mit Mais vom Feld gegenüber, wo sie untergebracht ist. Sie sind völlig fasziniert von dem großen Esel.

»Dürfen wir mal mit ihr spazieren gehen? Wir wollen ihr die Pferde vorstellen.«

Ich begleite die Mädchen auf den ersten Metern, um zu sehen, wie sie sich dabei anstellen. Die beiden laufen rechts neben dem Tier, da wo das Maisfeld ist, in das Bella natürlich sofort einbrechen will.

»Es ist besser, wenn ihr links lauft.«

»Aber man soll Pferde immer rechts halten. Das haben wir gelernt.«

»Aber links könnt ihr sie besser vom Maisfeld wegzerren.«

Nachdem die beiden zehn Minuten allein unterwegs waren, kommen sie wieder. Bella hatte sich an keine der Regeln gehalten, die man ihnen im Reitunterricht beigebracht hatte.

Sie versuchen, sie in der Koppel an der Longe im Kreis zu führen. Bella steht da, rührt sich nicht und sieht die beiden fleißigen Mädchen an, die um sie herumwirbeln und energisch wirre und überflüssige Kommandos geben. Bella hat noch nie eine Longe gesehen. Ruhig steht das Tier da, wie eine Sonne, um den Mädchen-Planeten wirbeln. Wir schauen uns an, Bella und ich, von Fixstern zu Fixstern, wir verstehen uns.

Dann führt mir das ältere Mädchen ihr Pferd vor. Einen pechschwarzen Friesen namens Felix. Da kommt dieses glänzende Ross angetänzelt. Es sieht aus wie ein schwuler Popstar. Dasselbe tuntige Auftreten, die gelockte Mähne kokett nach hinten geworfen. Eindeutig, wie ein schwuler Popstar oder ein Friseur. Pferde haben diesen unbedrohlichen Sexappeal von Boy Groups.

Beim Frühstück von Frau Kahl sitzt Paul Grün, ein Lehrer aus Fulda. Er ist ein Kümmerer, in seinem Urlaub ist er in seinen Heimatort Tiefenbach gefahren, um sich zu kümmern. Für Frau Kahl, die gerade ihr Sportabzeichen macht, will er Gardinen aufhängen und mit ihr Joggingschuhe kaufen. Ansonsten hilft er seinem Onkel beim Holzsammeln und Ausmisten der Gaststätte. Er fährt mich auf die andere Seite der Lahn, dort kann ich meine Wäsche waschen lassen. Auf dem Weg zu seinem Auto erzählt er mir von Tiefenbach und trägt dabei Regenwürmer ins Gras, die sich auf die Straße verirrt hatten: »Hier in Tiefenbach wurde der deutsche Weinbau gerettet. Als am Ende des letzten Jahrhunderts die Reblaus aus Frankreich in die Anbaugebiete des Rheins und der Mosel vordrang und alles vernichtete, beschloss die preußische Regierung, einen Schutzgarten weit von den befallenen Gegenden mit amerikanischen Rebstöcken einzurichten. In Tiefenbach, weil es der wärmste Ort Preußens außerhalb des klassischen Weinbaugebietes war. In den 30er Jahren hatte der Schutzgarten seine Funktion verloren, und nur der Name blieb übrig: Wingert, Weingarten. Anfang der 90er Jahre haben dann ein paar Bauern der Umgebung diese Tradition wieder aufleben lassen, den alten Wingert gepachtet, gerodet und bepflanzt. 1996 gab es die erste Ernte, vier Flaschen für jeden Anteilseigner.«

Der Weinbau ist wie kein zweiter Bereich der Landwirtschaft bedroht von Ungeziefer mit herrlichen Namen. Spinnmilben, Dickmaulrössler, Blattgallmilben, Kräuselmilben, Springwurm, Rebstichler, Heu- und Sauerwurm, Traubenwickler, Eulenraupen, Drahtwürmer, Nematoden und Schildläuse. Aber der schrecklichste der Schrecken war die 1854 erstmals am

Mississippi entdeckte Reblaus. Bereits 1880 war eine Million Hektar französische Rebfläche durch die Verpfropfung mit amerikanischen Rebstöcken befallen, mehr als die Hälfte davon wurde völlig zerstört.

Es gibt oberirdisch und unterirdisch lebende Rebläuse. Die Weibchen der Letzteren stechen mit ihrem Rüssel in die Rebwurzel und saugen sie aus. Diese Weibchen vermehren sich in rasantem Tempo, auch weil sie dazu praktischerweise keine Männchen brauchen. Unbegattet legen sie massenhaft Eier, aus denen nach einer guten Woche neue Rebläuse schlüpfen. In einem durchschnittlichen europäischen Sommer dreht sich die Reblausspirale um fünf bis sechs Generationen weiter.

Gewarnt durch die Erfahrungen der französischen Winzer wurde die Einfuhr von Reben ins Deutsche Reich 1874 verboten. Ein Jahr später musste man den ersten Befall in Annaberg bei Bonn feststellen. Jeder entdeckte Reblausherd wurde sofort vernichtet, die Weinstöcke ausgerissen und verbrannt, der Boden mit Schwefelkohlenstoff getränkt. Es war zu spät. Die Katastrophe war nicht mehr aufzuhalten.

Die Reblaus wurde zu einer nationalen Angelegenheit. In einem einmaligen Vorgang in der Geschichte des Pflanzenschutzes verpflichtete sich der deutsche Gesetzgeber, die Kosten für die von der Reblaus verursachten Schäden zu übernehmen und auch die für ihre Bekämpfung erforderlichen Mittel.

Unter der Aufsicht der staatlichen Versuchs- und Zuchtstation von Geisenheim bei Wiesbaden wuchs in Tiefenbach eine neue Generation reblausresistenter Hybriden heran. Die Grundlage für den gesamten deutschen Weinbau.

Abends trinken Paul und ich Bier im Gasthaus seines Onkels und bieten uns das Du an. Onkel und Gasthof sind sympathisch verschlampt und immer auf der Flucht vor dem Gewerbeaufsichtsamt. Überall lagert Gerümpel, alte Kerzen, Blumentöpfe, Hundeleinen. Dafür ist das Bier nicht kalt und zu wenig Weißbier aus dem Keller geholt worden. Paul kümmert sich darum. Der Onkel hat auch eine Lottoannahmestelle und ist Trainer des Tiefenbacher Fußballvereins. Auf einem Foto sieht man ihn mit Berti Vogts, als dieser noch U-21 Trainer war. Daneben hängt ein Autogramm von Matthias Hagner, ein Einheimischer, der den Sprung in die Bundesliga geschafft hat. Volksmusik kommt aus dem Radio, dazu eine dieser sonoren Moderatorenstimmen, die wie der Imperfekt raunen. Wir trinken und hören Blödsinn. In Tiefenbach gibt es anscheinend einen Nazi.

»Da muss man nicht seiner Meinung sein, nicht wahr? Aber da gibt es auch gute Leute drunter, anständige Menschen, nicht wahr? Auch wenn ich die nicht wähle …«

So sind Wirte. Was soll man da sagen? Bier trinken.

Zur dicken Linde von Bermoll

Ausgeruht verlassen Bella und ich nach zwei Nächten den Jägerhof von Hannelore Kahl. Wieder zieht mich der Wald unwiderstehlich an. Es ist der kürzeste Weg, Luftlinie nach Ehringshausen. Der Kies knirscht leise unter uns, in den Blättern hört man zwar den Wind, spürt ihn aber nicht. Immer wieder wechseln wir aus dem Dunklen zu Glückslichtungen, so nenne ich die gräsernen Oasen. Ein Fest der Käfer, schwankendem Johanniskraut und flüsternden Weidenröschen. Die Zeit scheint aufgehoben, es gibt nur den Augenblick. Die Sonne blickt mir durch die Stämme direkt ins Gesicht.

Aber das ist doch die falsche Richtung? Ehringshausen liegt verdammt noch mal im Norden, also können wir nicht der Sonne entgegen gehen. Wieder sind wir im Dreieck gegangen! Lahnabwärts, anstatt den Knick im Flussverlauf abzuschneiden. Nie mehr Waldwege!, schwöre ich nicht zum ersten Mal. Jetzt habe ich mich schon so oft verlaufen, fast jeden Tag, immer am Morgen, wenn ich noch optimistisch bin, den Weg genießen will. Erst wenn ich mich verirrt habe, verlasse ich enttäuscht den Wald und folge der Straße, ich will nur noch das Ziel erreichen.

Also schneiden wir die Biegung des Flusses bei Oberbiel ab, es geht wieder durch den Wald, aber diesmal verlaufen wir uns nicht. Wir passieren ein ehemaliges Bergwerk, das von Schulklassen besucht wird. Ich trinke eine Apfelschorle und Bella hat sich von dem Baum losgemacht, an dem ich sie angebunden hatte. Die fünfzehnjährigen Schüler ärgern Bella, sie sind in dem Alter, in dem sie weder mit ihrem eigenen Körper noch mit der Seele oder gar dem Körper anderer umgehen können. Vermutlich war es eine Idee des Teufels, die Menschen ausgerechnet in ihrer ungeschicktesten Lebensphase mit Sexualität zu beglücken.

»Lasst den Esel in Ruhe.«

Vor ein paar Jahren hat ihr damaliger Besitzer sie alle paar Monate auf Dorffeste mitgenommen. Die Kinder durften auf ihr reiten und fütterten sie mit Leckereien. Bella mag Kinder.

Vom Bergwerk führt eine ruhige Straße weiter. Außerhalb des Waldes glüht die Luft, weit über dreißig Grad. Bella trottet langsam vor sich hin, wir schaffen drei Kilometer in der Stunde. Die Fiktion von vierzig Kilometern am Tag gebe ich auf, denn so erreiche ich nie das angestrebte Ziel. Dreißig Kilometer, das ist realistisch.

Ein Auto hält, ein dicker Mann steigt aus und macht drei Fotos von uns, er ist Lokalreporter. Auf dem Friedhof fülle ich meine Wasserflasche auf.

»Sie trinken das Wasser?«, fragt eine Witwe, die ihren Mann begießt.

»Ja, warum nicht?«

»Das würde ich aber nicht.«

Das Wasser kommt doch aus einer ganz normalen Wasserleitung, oder? Das ist doch kein Gespenster- oder Leichenwasser? Manchmal wasche ich mich auch auf Friedhöfen. Wenn keiner guckt, bekommt Bella auch was zu trinken.

Manchmal kaufe ich mir die Bild-Zeitung, ansonsten bleibt die Außenwelt draußen. Sonst kann ich nie genug Zeitung lesen, seit einem Vierteljahrhundert verfolge ich im August die Tour de France. Jetzt gleitet all das an mir vorbei. Eine Reise ist wie eine einseitige Diät, da man auf alles Gewohnte verzichtet. Man wird etwas komisch dabei, als ob man unter Wasser taucht.

Gleichmütig ziehe ich voran, es passiert eigentlich nicht viel. Am Straßenrand liegen erstaunlich viele f6-Zigarettenschachteln, genauso viele wie Marlboro, und das in Hessen. f6 rauchen nur ehemalige DDR-Bürger.

Deutschland ist erstaunlich hügelig, Hunsrück, Westerwald, Taunus und Harz gehen fließend, aber dabei sehr wellig ineinander über. Immer und immer wieder Hügel und Berge, als ob man über eine riesige erstarrte Brandung wandert.

»Los geht es, Bella, auf.«

Bella scheint den Sinn der Reise nicht ganz begriffen zu haben. Das ist keine Gourmet-Tour durch schöne Landschaften, die man anknabbern kann. Ihr geht es weitaus besser als mir, dauernd wird sie gestreichelt und gefüttert. Mais, Hafer, Weizen, Äpfel, Disteln, Melde, Pflaumen, Kuchen, Brot, Müsli, Karotten, Salatgurken. Ich hungere oft, die Edekas, Spars und Rewes haben sich vom Land zurückgezogen, und dauernd sind die Gasthäuser geschlossen. Wenn sie geöffnet haben, gibt es nur Schnitzel. Rahmschnitzel, Pfeffersteak, Wiener Schnitzel, Zigeunersteak. Riesenschnitzel mit Soße. Sauce kann man das dickflüssige Zeug nicht nennen, nein, das ist Soße. Soße. Soße! Wandern ist wirklich eine Diät, eine ohne Gemüse. Nach drei Wochen treffe ich auf das erste Gasthaus, das auch ein anderes Gericht anbietet, Forelle blau.

Gleichmütig ziehen wir dahin. Ich möchte kein Forscher sein, der meine Gedanken belauscht.

Noch drei Kilometer bis Breitenbach ob es da was zu essen gibt Bella mach voran aha ein Möbelzentrum was ist das für ein KFZ-Kennzeichen bin ich eigentlich schon sehr verwahrlost immer geradeaus wenn ich wieder zu Hause bin werde ich alle Socken wegwerfen und mir eine Blondie-CD kaufen wie kann sich die FDP eigentlich einbilden für die Leistungsträger zu sprechen wo es doch in keiner Partei so einfach ist an die Spitze zu kommen es gibt halt Menschen mit Lebenslauf und welche mit Karrieren und die sind verunsichert weil es im Leben noch etwas anderes geben könnte hinter der spanischen Wand des sozialen Verhaltens eine Art Kultur denn kulturbeflissen muss man ja auch sein gerade als Jurist mach schon Bella kannst du nicht mal schneller ja mir ist auch heiß was ist denn das für ein Autokennzeichen wie weit ist es noch nach Breitenbach …

Ein sehr zäher, ermüdender innerer Monolog. Streams of consciousness werden grandios überschätzt, sie sind meist unerträglich langweilig. Sicher haben auch die Surrealisten alle geschummelt, um möglichst exotisch-wirre Gedanken aus dem Unterbewusstsein zutage zu fördern, um sich nicht mit Nasenpopel und inneren Geizkragen-Rechnungen – was das Glas Wein wohl kostet – vor Tristan Tzara zu blamieren.

Ich habe bestimmte Themen in meinem Kopf, die nudel ich ab, wenn sonst nichts mehr los ist, wenn ich nichts zu denken habe, wenn ich einschlafen will. Dann bin ich immer meiner Meinung, einer vom ständigen

Wiederholen ganz dünnen und verschlissenen Ansicht. Wie man Frauen verführt, das Steuersystem reformiert, Saddam Hussein erschießen könnte oder was ich von Drogen halte. Es ist ein Konzert von ständig aufbrühbaren Meinungen, die mir selbst schon langweilig geworden sind und die ich, sollte ich sie jemals aussprechen, wahrscheinlich gar nicht mehr teile. Wie der von der Evolution vergessene Blinddarm spuken die in meinem Kopf rum. An was denken eigentlich die andern Menschen, wenn sie gerade nicht denken?

Wir zuckeln weiter und weiter. Ich habe seit dem Frühstück nichts gegessen. Das abendliche Ziel Bermoll hat kein Gasthaus. Bella grast auf einem leeren Grundstück, ein freundlicher Nachbar reicht uns einen Eimer Wasser über seinen Zwei-Meter-Zaun. Er hält einen Dackel auf dem Arm. Seine Frau kommt auch an den Zaun, eine freundliche, zierliche Person, und ich kriege auch was zu trinken. Sie macht mir auch ein paar Brote mit Harzer Käse und Tomaten.

»Wir sind Vegetarier.«

Wir unterhalten uns über meinen Esel, ich erzähle was für mein Abendbrot. Die beiden freundlichen Vegetarier stehen hinter ihrem Drahtzaun und hören zu. Nette ängstliche Vegetarier, die sich nicht trauen, ihr Gartentor aufzumachen. Damit der Dackel nicht fortrennt, sagen sie. Vermutlich haben sie aber Angst vor mir. Sie geben mir trotzdem ein paar Butterbrote mit.

Hinter Bermoll steht ein Naturdenkmal, die Dicke Linde, unter ihr übernachten wir. Der Stamm ist innen schon vermodert, und der Baum besteht nur noch aus Rinde, die von Stahlbändern zusammengehalten wird. Trotzdem lebt und blüht die Dicke Linde. Ich lasse Bella wie immer nachts frei rumlaufen, sie läuft nicht weg.

Aber just in dieser Nacht kommt ein Rudel wahnsinniger Jagdhunde vorbei. Laut bellend stürzen sie sich auf Bella, so hört es sich jedenfalls an, als ich schlaftrunken in dieser ägyptischen Dunkelheit aufwache. Wo bin ich, was ist los? Das Herrchen der durchgedrehten Meute versucht verzweifelt, die Höllenhunde zu bändigen. Bella rennt weg, hinter den Hunden schließt sich der Kofferraum eines Autos, und irgendwann ist Ruhe. Ich schleiche auf Socken über den Rasen, um nach Bella zu sehen. Seltsame Sachen piksen unter meinen Sohlen.

»Bella!«

Nichts.

»Wo bist du, Bella?«

Endlich finde ich das verschüchterte Tier. Ziemlich weit weg steht sie am Wegesrand. Und frisst. Ich streichel und beruhige sie. Dann führe ich sie zurück zu meinem Schlafplatz. Am Morgen hat sie direkt neben meinen Schlafsack ihre Äpfel gelegt. Na danke.

Seit dem Überfall ignoriert Bella Hunde nicht mehr, sondern senkt ihren riesigen Schädel, wenn sie wieder angebellt wird, und geht auf diese Mistviecher zu. Hunde sind wirklich schlecht erzogen.

Nach Gisselberg

Ohne Frühstück ziehen wir weiter, satte Sommerwiesen leuchten. Blecherne Schutzschilder leiten die Kröten zu den Röhren unter der Straße. Eine schöne Straße durch einen schönen Wald. Der Weg führt dann durch Felder, Kühe schreien, es ist ihre Zeit, versorgt zu werden. Wir wandern querfeldein, bis wir am Waldrand auf eine Kreuzung stoßen. Welcher der drei Wege ist der nach Frankenhain? Niemand da, den man fragen konnte. Ich starre auf die Landkarte und dann auf die Wege. Rechts ist sicher falsch, aber ist es nun mehr links oder mehr mittig? Ich versuche den Mittelweg. Wir kommen an einer Quelle vorbei und trinken. Es geht hinunter in tiefe und modrige Waldschluchten. Ganz oben, oberhalb des Blättergrüns leuchtet die Sonne. Zwei alte Jäger sitzen vor ihrer Hütte und trinken stumm Bier.

»Willst du auch eins?«

Es ist elf Uhr morgens.

»Nein danke, haben Sie vielleicht Wasser?«

Wasser haben sie nicht. Zwei Jagdhunde bellen, neben den beiden Jägern stehen sechs Kreuze, wie bei Anna Seghers, hier sind ihre alten Hunde begraben. Die Jäger sitzen da und trinken friedlich Bier im Wald. Die beiden müssen früh aufgebrochen sein, weg von zu Hause, um hier in aller Ruhe nichts zu tun und dabei Bier zu trinken. Wenn man lange genug still sitzt, fangen die Waldvögel wieder an zu zwitschern. Das Holz knarzt im Hintergrund. Und manchmal weht ein Wind zwischen den Ästen. Man wird von selber friedlich, wenn man nur hockt und Bier trinkt.

Friedlich in der Natur kompostieren, so wie alles hier friedlich kompostiert.

»Nach Frankenbach? Da kommst du doch gerade her.«

Ich hatte mich wieder verlaufen. Der Wald ist mein Schicksal. Aber es geht immer weiter. Muss es ja. Als wir den Wald verlassen, in die richtige Richtung wandern, ist es wieder unerträglich heiß. Es geht weiter.

Mein Frühstück hole ich mir aus dem Edeka in Frankenbach. Bananen, Fruchtbuttermilch und für Bella Karotten und Brötchen. Wir haben uns in eine Ecke zurückgezogen, wo die Waren angeliefert werden. Ein Junge, vielleicht zwölf, hält mit dem Fahrrad an, stellt sich direkt vor mich und fragt:

»Ist das ein Esel? Ein echter? Was isst denn so ein Esel? Frisst er auch Gras?«

Mit vollem Mund sitze ich auf dem Boden und versuche das Bombardement der Fragen mit kurzen Antworten abzuwehren wie einen Mückenschwarm.

»Wie alt ist der Esel? Ist das ein Männchen oder Weibchen? Wie heißt sie? Frisst sie auch Heu?«

Ich schlinge mein Frühstück runter, um schnell wegzukommen. Kinder sind wie Hunde, auch schlecht erzogen.

An den Jägerzäunen wird vor Hunden gewarnt. ›Ich brauche zehn Sekunden zur Tür – und du?‹ ›Briefträger: vier, Fußbälle: drei, Einbrecher: fünf.‹ ›Wenn Hund kommt flach auf den Boden werfen und auf Hilfe warten, wenn keine Hilfe kommt – Viel Glück.‹ Kann man hinter einem Jägerzaun überhaupt glücklich sein? Ist man hier nicht automatisch verdammt zu Underberg-Alkoholismus und 0190er Telefonsex?

»Bella, wenn du nicht brav bist, musst du in deinem nächsten Leben hier wohnen.«

Wir verlassen die Zivilisation und wandern weiter. Immer und immer wieder drängt Bella in die Weizenfelder, sie flehmt mit weit geöffneten Nüstern, gebleckten Zähnen und unendlicher Gier. Manchmal lasse ich sie in ein Feld, und sie darf sich den Bauch voll schlagen.

»Wenn du dein Tier nicht sofort da rausholst, knall ich es ab.«

Ein Bauer war in seinem Vierradantrieb vorgefahren und sieht kalt wie Kruppstahl auf den friedlich in seinem Acker weidenden Esel. Wäre ich jetzt ein richtiger Cowboy, würde ich antworten:

»Deinen Weizen habe ich schon in Brüssel bezahlt«, und meinen Colt ziehen.

Na ja, wir machen, dass wir verschwinden.

Manchmal glaube ich, Bella leidet unter Bulimie. Wenn sie am Wegesrand steht und frisst und frisst weiß sie schon, dass ich sie bald fortziehe, und sie schlingt heftig alles in sich hinein, mit kreisenden Kopfbewegungen fängt sie Büschel um Büschel. Mehr, als sie kauen kann. Wenn wir weiterwandern, würgt sie die unverdaute Mahlzeit wieder hoch. Esel sind keine Wiederkäuer.

Auf einer kleinen Straße neben der Bundesstraße ziehen wir an Traktoren mit Anhängern vorbei, aus denen Weizen rieselt. Die Bauern warten vor einer Verladestation, bis ihre Ernte gewogen wird. Die kleine Straße wird zu einem Radwanderweg, in den Schrebergärten blüht alles, die Zwetschgen färben sich langsam lila, Brennnesseln blühen am Bahndamm. Wir werden von abendlichen Joggern und einem Rollerblade-Trio überholt. Eine Frau mit Sonnenbrille, hautengem blütenweißen Trikot und strammen Schenkeln bremst kreiselnd vor uns. Das Geräusch der Rollen kennt Bella noch nicht, nervös zuckt sie zusammen, tänzelt unruhig, während ich mit der schönen Frau und ihren nicht so schönen Begleitern das Übliche rede.

Ja, das ist ein Esel. Sie ist neun Jahre alt. Wir wandern ungefähr dreißig Kilometer am Tag. Ja, manchmal reite ich auch, aber nur im Wald und nicht auf Asphalt. Nein, sie ist ein braves Tier. Dann knattern die drei wieder auf ihren Rollerblades in den Abend, und wir trödeln hinterher, am Bahngleis und den Magerwiesen entlang.

Gleich am Dorfeingang von Niederweimar steht ein Reiterhof, und ich frage nach einer Unterkunft.

»Nein, hier können Sie nicht bleiben«, antwortet die Chefin porentief sauber und verbissen tierfreundlich. »Wir lassen unsere Pferde nie nachts draußen, weil es hier so viele Pferderitzer gibt. Perverse, die nachts auf die Weide schleichen und die Tiere mit Messerschnitten quälen und verunstalten. Und unsere Ställe sind alle belegt.«

Das war kein freundlicher Empfang. Ich bin müde und unendlich durstig und starre vor Dreck.

Bella will aber nicht von dem Reiterhof weg. Sie riecht den Hafer und die Nachtruhe. Ich muss sie gewaltig schlagen, dass sie weiterzieht.

»Hoffentlich sieht das kein Tierfreund. Der zeigt Sie an«, meint eine Passantin.

Das käme mir gerade recht, ein blöder Tierfreund,

der sich aufregt, weil ich meinen Esel schlage, das dumme Vieh.

»Bella! Miststück verdammtes! Weiter geht's!«

In einer Gaststätte binde ich Bella an einen Baum und gebe ihr einen Eimer Wasser. Leider ist kein Zimmer mehr frei, aber die Wirtin sucht telefonisch eine Unterkunft in der Nähe für uns, während ich das übliche Pfeffersteak bestelle.

Nach dem Abendessen müssen wir noch einmal auf die Landstraße, die letzten Kilometer nach Gisselberg. Diesmal macht Bella keine Zicken. Es ist kühler geworden, und sie läuft richtig flott.

Auf dem Reiterhof von Gisselberg werden wir von einer jungen Mutter mit einer niedlichen Tochter freundlich aufgenommen. Nach dem Anruf der Wirtin hatte sich das kleine Mädchen richtig auf den Esel gefreut. Neben dem Reiterhof ist ein etwas teureres Hotel. Die Angestellte an der Rezeption schaut ganz weltmännisch über meinen Sattel hinweg, als wäre es völlig normal, dass hier ein ungewaschener Reiter auftaucht, mit Satteltaschen und einem roten Seil über der Schulter.

»Cash oder Kreditkarte?«

»Visa.«

Endlich mal ein Zimmer ohne Frotteespannbetttuch und ein Fernseher mit zwölf Programmen.

Neustadt/Hessen

In Marburg überqueren wir die Lahn. Gut gelaunt grüße ich die Kinder vom Kindergarten, die sich an den Zaun drängen. Sie dürfen auch mal streicheln.

»Mein Papa holt mich gleich ab.«

»Schön für dich.«

Das dumpfe Pong-pong eines Tennisplatzes schallt herüber. Ein American Restaurant am Straßenrand wirbt mit einer Neon-Freiheitsstatue, drinnen leuchten Coca-Cola und Marilyn Monroe. Eine geistig behinderte Frau mit Plastiktüte begleitet mich ein paar Straßen, auch sie darf den Esel streicheln. Dann geht es steil nach oben, die Lahnberge hoch zu einer Kurklinik. Ein Autofahrer erklärt mir umständlich den Weg. Nach ungefähr fünf Minuten weiß ich: einfach geradeaus. Wir finden einen Weg im Wald, parallel zur Straße. Es ist noch früh am Tag, und ich reite ein wenig. Nach ein paar Kilometern endet der Waldweg in einer Asphaltstraße. Sofort bleibt Bella stehen, Teer boykottiert sie. Mit Mühe bringe ich sie ein paar hundert Meter weiter, dann biegt sie in die erste Straße rechts nach Bauerbach ein. Davon ist sie nicht abzubringen. Ich muss absteigen, wir gehen beide wieder zu Fuß. Zur Strafe darf sie nicht ins Maisfeld. Sie sieht das ein und trottet brav weiter.

Die Straße nach Kirchhain ist wieder eines dieser brausenden Ungeheuer. Der Fahrtwind und das Stakkato der Motoren schüttelt uns durch. Teilnahmslos, fast bewusstlos wie meditierende Sadhus ziehen wir voran. Lass den Schmerz und die Welt einfach draußen.

Mittags erreichen wir Kirchhain. In der Fußgängerzone sprudelt ein Märchenbrunnen in ein kupferfarbenes Becken. Bella hat Durst, aber ihr ist das Wasser zu unruhig. Sie trinkt nur stilles Wasser. Ich füttere sie mit Semmeln und bestelle mir eine Pizza. Bella lässt die Semmel dauernd fallen.

»Bella, was ist denn heute los? Was stellst du dich heute so an?«

Gegenüber der Pizzeria ist ein volles Eiscafé. Ich habe mich mit dem Rücken zu den Gästen gesetzt, ich will meine Ruhe und nicht wieder dieselben Fragen beantworten.

Nach der Pizza aus der Mikrowelle empfängt uns die Straße wieder mit offenen Armen. Die Sonne hat ihre ganze Kraft zusammengenommen und strahlt erbarmungslos. Ich schwitze und spüre, wie mir die Haut im Gesicht und auf den Schenkeln versengt wird. Lang und gerade zieht sich die Bundesstraße 454 hin. Für jede großzügig entworfene Kurve brauchen wir unendlich lange. ›Blühendes Hessen‹ wirbt ein Gartencenter hinter ein paar Garagen und Werkzeugschuppen. Ein Wanderweg führt in den Wald, vorbei an einem Wasserwerk und einer KZ-Gedenkstätte, zur Erinnerung an die Zwangsarbeiter, die in den beiden größten Munitionsfabriken Europas hier TNT in Bomben füllen mussten. Sonntagswanderer begrüßen uns. Wieder reite ich ein wenig, und wieder hat Bella Glück. Der Feldweg wird zur kleinen asphaltierten Straße, und ich steige rechtzeitig ab. Bevor es zu einem Machtkampf kommt, den ich verliere.

Wir erreichen das Industrieviertel von Stadtallendorf. Auf einer riesigen Wand steht: Ferrero. Der italienische Zuckerbäcker Michele Ferrero, Erfinder von Nutella, baute auf dem ehemaligen Munitionsgelände sein Kalorienbomben-Imperium auf. Hier werden Kinderschokolade, Ferrero-Küsschen, Hanuta, Mon Chéri, Giotto, Rocher und Milchschnitte produziert, hier kommen die Überraschungen in die Schokoladeneier.

Im Vorgarten einer Gärtnerei sprudelt ein Brunnen in ein Auffangbecken, diesmal trinkt Bella. Stadtallendorf ist eine traurige Angelegenheit. Gelbliche Wohnblocks stehen herum, viel zu groß für ihre Bewohner. Hier wirken alle einsam, die Menschen und die Häuser. Ein paar Dorfrocker auf einer Mauer winken mich zu sich. Vermutlich wollen sie wissen, woher ich komme und wohin ich gehe. Ich winke zurück: Wenn ihr was wollt, kommt doch selber.

Träge und erschöpft folgen wir der Bundesstraße durch ein Waldgebiet. Aber die Bäume stehen zu weit weg, um Schatten zu spenden. Ein Cabrio bremst hundert Meter vor uns, eine junge Frau schreit heraus:

»Darf ich mal reiten?«

»Nein.«

Das Cabrio düst weiter.

Auf einer Bergkuppe steht ein roter Grenzstein und markiert die Wasserscheide Rhein-Weser. ›Rhein‹ steht auf einer Seite des großen Sandsteinblocks, er sieht aus wie die Sockel der Bismarckdenkmäler, auf der anderen Seite steht ›Weser‹.

Jede Grenzerfahrung ist ein Erfolgserlebnis, der Wechsel von Rheinland-Pfalz nach Hessen, das Ende einer Landkarte, eines Landkreises, der Wechsel der KFZ-Kennzeichen. Man spürt, dass man vorankommt. Eine Etappe wirkt auf dem Großen Shellatlas recht mickrig, aber nach drei Tagen bin ich schon ein paar Falten und Knicke weiter in der 1:150000 Karte ›Rund um Kassel‹.

Nach der Wasserscheide geht es bergab. Tief und schräg steht die Sonne und streift die Baumwipfel. Alle wollen nach Hause, und die Autos preschen mit Höchstgeschwindigkeit die schnurgerade Straße entlang. Eine Radarfalle hier würde in einer Woche den Staatshaushalt von Togo sanieren.

Noch zwei Kilometer bis Neustadt. Das ist heute wirklich eine lange Etappe. Hinter dem Wald fällt die Landschaft flach nach unten ab, ganz sanft, als hätte das jemand extra gemacht. Mit einer großen Hand im Sandkasten. Wir gehen querfeldein. Plumpe Schatten, unsere Schatten, wandern über die Furchen des geeggten Feldes. Manchmal sehen wir aus wie ein Elefant, dann wieder wie ein Kamel. Sanft bröckelt die Erde unter unseren Schritten, Wurzeln und Stroh knirschen. Es ist staubig.

Bella legt sich auf einen Feldweg. Einfach so, mitsamt dem Gepäck, ohne Erlaubnis. Die ersten Häuser von Neustadt sind ganz nahe. Um uns herum die abgeernteten Felder, ganz hinten staubt ein Mähdrescher. Alles Zerren, Schimpfen, Zureden und Prügeln nützt nichts, Bella steht nicht auf. Immer lauter schreie ich, immer kräftiger schlage ich auf sie ein. Sie sieht mich nur groß und traurig an und bleibt liegen. Auch ich bin müde, gereizt und wütend. Ich will nach Neustadt und was essen und trinken, und das blöde Misttier bleibt da einfach liegen, als ob sie hier das Sagen hätte.

Ich verlasse sie, laufe außer Sichtweite, damit die Einsamkeit sie wieder auf die Beine bringt. Wenn ich aufstehe, um nachzusehen, ob sie sich schon bewegt hat, sehe ich nur den Kopf von Bella, ihre Ohren in meine Richtung gestellt. Ich laufe zurück, schnalle das Gepäck ab, rufe mit meinem Handy zu Hause an und warte.

Die weiten Felder sind friedlich, der Mais steht, an einer Ecke werden die Stoppeln untergepflügt, Staub steigt auf. Auch die Sonne hat ihr erbarmungsloses Strahlen aufgegeben und glüht nur noch angenehm wie die Restwärme eines Herdes. Ich warte. Die Erde riecht gut, langsam kehrt Ruhe in mir ein. Der Himmel ist auch schön. Ich lese ein wenig.

Irgendwann steht Bella auf, ich packe das Gepäck wieder auf sie drauf, und still gehen wir nach Neustadt. Es sind keine zwei Kilometer, sondern fünf. Es wird dunkel, die Stadt zieht sich an der Straße lang und länger. Es gibt kein Gasthaus. Auf einem leeren Grundstück bleibt Bella stehen und frisst. Das hat sie sich verdient, hier bleiben wir. Gegenüber ist zum Glück eine Kneipe, ich bestelle ein Wiener Schnitzel und ein Weißbier, damit ich schneller einschlafe.

Es ist eine trostlose Kneipe mit trostlosen Gästen. Körperleichen in verwaschenen auberginefarbenen Kaufhaushemden. Sie rauchen, trinken und blubbern einsame Sätze hervor. Alles an ihnen ist zusammengesackt, der Rücken, die Schultern, die Gesichtszüge, der Charakter. Sie würfeln, der Ärmlichste unter ihnen muss Runden zahlen.

Der fitnessraumgestählte Körper des jugendlichen Wirtes zapft Bier mit Mettwurstmuskeln unter dem armfreien T-Shirt. Das schwarze Trikot seiner Freundin lässt ihren Körper wie aus Plastilin geformt erscheinen, eigenartig nackt und künstlich, ihre Brüste wölben sich wie Kanonenkugeln.

»Ich habe dich heute auf der Straße gesehen, dich und deinen Esel«, sagt sie.

»Und du bist mit 150 vorbeigefahren?«

»200«, meint sie stolz.

Wieso hat es jeder nur so eilig, nach Neustadt/Hessen zu kommen? Vielleicht, wenn man vorher in Stadtallendorf war.

Nach dem zweiten Bier gehe ich hinüber und rolle mich in meinen Schlafsack an der Mauer, wo wahrscheinlich alle hinpinkeln. Leider hat man in der Kneipe meinen Esel bemerkt, und alle Stunde kommt jemand raus und will ihn sich ansehen.

»Gepflegt ist er ja.«

»Ja, und gut genährt.«

»Darf ich den Esel mal in die Stadt führen?«

»Nein!«

»Ich habe aber gewettet, dass der mit mir mitläuft.«

»Das würde sie zwar machen, aber der Esel bleibt hier.«

»Ich habe aber gewettet.«

»Tut mir Leid, dann verlieren Sie halt die Wette.«

»Kann ich nicht doch …«

»Nein, sie ist müde und braucht ihre Ruhe.«

Endlich ist Sperrstunde, zum letzten Mal in der Nacht bewundern die Besoffenen den Esel:

»Gepflegt ist er ja.«

»Lassen Sie doch endlich das Tier in Ruhe, wir sind beide müde.«

»Der hat gesagt, ich soll das Tier in Ruhe lassen. Hihihi.«

»Ja, da hat er Recht. Der kümmert sich um sein Tier.«

»Gepflegt ist es ja, das sieht man.«

Endlich ist Ruhe. Nachts donnern die Milchlaster und andere LKWs durch Neustadt. Kein Wunder, dass das Haus neben dem unbebauten Grundstück leer steht. Noch eine Stadt, die auf eine Umgehungsstraße wartet.

Nach Hauptschwenda

Am Morgen muss ich in Neustadt/Hessen eine schreckliche Entdeckung machen: Es gibt Tchibos, die keinen frischen Kaffee ausschenken. Auch im Eduscho von Neustadt fehlen die hohen weißen Plastiktische, die gerade so gemütlich sind, dass man seinen Kaffee trinken kann, aber um Gottes willen nicht zu langsam. Die müssen von hochbezahlten Ergotherapeuten entworfen worden sein, die genaue Vorgaben hatten, wie lange ein Kunde sich an einem solchen Stehtisch wohl fühlen darf. Aber weder im Tchibo noch im Eduscho von Neustadt gibt es solche Tische. Leider auch kein anderes Stehcafé.

Schlecht gelaunt mache ich mich auf den Weg. Die kleine Straße am Galgenberg ist kaum befahren. Noch ist es früh am Morgen, der Tau hängt in den Halmen. Aber ein weiterer heißer Tag kündigt sich an.

Wie ein guter alter Bekannter empfängt mich der

Wald. Wir beide, der Wald und ich, haben ein ganz spezielles Verhältnis zueinander entwickelt. Ich liebe ihn, und er legt mich immer wieder rein. Dauernd hat er mich in die Irre laufen lassen, aber immer wieder zieht er mich an. Er ist so ruhig, so beschützend. Angenehm kühl bei der Hitze. Na, du Wald, denke ich, was hast du heute mit mir vor? Die Bäume rauschen ein wenig, fast spöttisch.

Im ›Künstlerdorf Wasenberg‹, wie es sich am Ortseingang nennt, hat endlich ein Edeka offen. Ich trinke direkt vor dem Laden eine Flasche Zitronenlimo, esse Bananen und De Beukelaer-Kekse. Bella bekommt Wasser und Karotten. Kinder bringen ihr schüchtern Gras.

Wir sind seit Marburg, wo die Gebrüder Grimm studierten, auf der Deutschen Märchenstraße. Vor uns liegt Schwalm, die Efze schleicht sich leise glucksend durch die Weiden. Eine weitere schöne, hügelige Landschaft westlich von der Autobahn A 7 Kassel-Fulda.

Bella hat auch schlechte Angewohnheiten. Mülltonnen und Abfalleimer, selbst Lastwagen der städtischen Müllabfuhr ziehen sie magisch an. Dann schnüffelt sie und stöbert und zieht an der Leine.

»Komm Bella, du bist doch kein Hund.«

Bei einer Tankstelle kaufe ich einen Schokoriegel und eine Landkarte. Bella will nicht innen an den Zapfsäulen vorbei, sondern außen herum.

»Was ist denn los? Na gut, dann gehen wir halt da lang.«

Dann kapiere ich. Ihr waren die Geräusche der Autowaschanlage unheimlich, die wollte sie in sicherem Abstand passieren.

Wir ziehen einen Berg hoch. Freundliche Bäume beschatten uns. Ein Schild an der Straße lügt uns an. Das Waldhotel bietet Thüringer Küche an, mit Kreide steht da handgeschrieben: heute. Aber heute ist geschlossen. In den Kurven öffnet sich manchmal der Wald, und eine Abendwiese liegt schattig da. Am Boden ist sie schon dunkel, aber auf der Höhe der Blüten liegt noch etwas Zwielicht. Es ist die Zeit der Insekten.

Weiter als Hauptschwenda kommen wir nicht. Ein Dorfbewohner betreibt als Nebenerwerb einen Getränkehandel. Ich trinke in seinem Hof eine Limonade, und Bella riecht den Stall. Gegenüber, auf der andern Seite, ist eine freie Wiese, ein Fußballplatz. Da will ich übernachten, aber mein Esel will sich nicht von dem Heugeruch aus dem Bauernhof trennen und bleibt stehen. Irgendwann lasse ich sie einfach auf dem fremden Hof, schnalle Sattel und Gepäck ab und trage ihn vor das Fußballtor. Dort mache ich es mir gemütlich. Endlich kapiert auch das Tier, dass wir jetzt hier bleiben, und kommt angetrottet. Sie knabbert das hohe Unkraut bei den gefällten Holzstämmen ab, die als Zuschauertribüne dienen. Kein Abendessen.

Am Morgen wache ich wieder mit Scheißbollen neben mir auf. Machst du das eigentlich absichtlich? Der arme Torwart.

Nach Niederbiesheim

Kein Frühstück. Es wird ein weiterer heißer Tag. Borstiges Stroh bleibt in den Socken hängen und sticht. Meine Haut ist direkt über dem Schuh angeschwollen, wie eine Brandblase sieht es aus. Die Ränder der Zehennägel haben sich verhornt, presse ich auf den breiten Wulst, quillt Eiter hervor. Zwischen den Zehen schält sich die Haut, irgendetwas, was ich nicht sehen will, passiert da unter meinem Fußballen. Etwas mit weißen, feuchten Hautlappen. Ich habe mich nicht geduscht, rasiert oder Zähne geputzt. Ich weiß nicht, wie ich aussehe, wo dicke Pickel prangen. Vermutlich stinke ich. Sehr wahrscheinlich. Es sind brütend heiße Tage, es ist der kürzeste und intensivste Sommer seit Jahren. Zum ersten Mal überhaupt wird Ozonalarm in Hessen ausgelöst.

In einer Grünanlage eines kleinen, sinnlosen Dorfes, Wallenstein, das liegt im Knüllwald – lasse ich Bella grasen und wate durch ein eiskaltes Kneippbecken. So verschwinden wenigstens ein paar der schwarzen Sockenflusen.

Eine junge Frau steigt aus einem Auto, hebt ihre Einkäufe mit einem kräftigen Schwung aus dem Auto, trägt sie ins Haus. Nach einer Weile kommt sie wieder aus ihrem Haus.

Sie setzt sich neben mir auf die Bank. In Wallenstein kommen nicht viele Esel vorbei. Silvia ist wunderhübsch. Sanfte, hellbraune Augen, braunes, junges Haar mit einer Klammer zusammengehalten. Und diese weiße zarte Haut, wie Milch. Diese Augen. Silvia hat gerade ihr Studium der Politologie in Mainz abgebrochen und beginnt eine Ausbildung als Tourismus-Irgendwas in Leipzig. Der große Treck nach Osten. In diesem Jahr ziehen mehr Menschen nach Osten als nach Westen. Zum ersten Mal seit dem Russlandfeldzug.

»In Leipzig sind die Menschen alle so freundlich. Im Gegensatz zu hier, ich mag den Knüllwald und Wallenstein sehr, aber alle sind so misstrauisch und missgünstig. Die Menschen, denen wir das Haus meines Großvaters verkauft haben, unsere Nachbarn also, beschweren sich dauernd, und wir konnten noch nicht einmal anschauen, wie sie unser altes Familienhaus renoviert haben.«

Silvia ist wirklich sehr schön. Es ist wie ein Schock. Ich habe nicht viel geredet in letzter Zeit. Ich traue mich nur selten, sie anzusehen. Schöne Frauen deprimieren mich oft, dann spüre ich auf der Zunge, im ganzen Rachen die Unerreichbarkeit. Manchmal lächle ich Silvia gewinnend an, das kann ich ganz gut, ich lächle also gewinnend und hoffe, dadurch meinen Körpergeruch, den ich unweigerlich abstrahle wie diese schwarzen Ringelkringel von Comicfiguren, also diesen Körpergeruch versuche ich mit meinem gewinnenden Lächeln zu übertünchen.

Es ist mittags, unendlich heiß. Wie alle Frauen trägt sie ein Hemd, nennt man das noch Hemd? Egal, sie trägt etwas Leichtes mit Spagetti-Trägern, daneben lugen die BH-Träger heraus. Es ist das Jahr, in dem alle möglichst viele dünne Träger zeigen. Einmal habe ich sogar eine Frau gesehen, die es fertig gebracht hatte, fünf auf einmal über ihre Schulter zu spannen, auf jeder Schulter. Das ist schon höhere Logistik, denn an jedem Träger hängt ja noch ein Kleidungsstück, welches so geschnitten sein muss, dass es die andern Träger nicht bedeckt.

Ich schaue nur selten zu Silvia, denn, wie gesagt, schöne Frauen deprimieren mich. Manchmal stehe ich vor frauenfeindlichen Plakaten an der S-Bahn, vor allem im Winter, wenn wieder die Reklamewellen für Unterwäsche anrollen, da Frauen diese aus rätselhaften Gründen hauptsächlich in der kalten Jahreszeit kaufen, wie der Verband für Miederwaren herausgefunden hat und auch jede Fachverkäuferin weiß – wie gesagt, ich stehe vor diesen Plakaten mit diesen Triumphen der Weiblichkeit und spüre, wie jedes erotische Selbstbewusstsein einer Sanduhr gleich aus mir rausrieselt. Laetitia Casta deprimiert mich wahnsinnig. Also gucke ich auch Silvia kaum an, und wenn, dann nur mit steifem Hals, damit ich nicht sehe, was mit den ganzen Trägern eigentlich festgehalten wird.

Ich sitze da und stinke. Der Kandidat hat zwei Minuten zu beweisen, dass er nicht nur ein müffelndes Bündel ist:

»Beim Reisen kann man sich die passende Geschwindigkeit zum Ort aussuchen, je nachdem, wie viel Zeit man hat.«

Ich versuche ihre Frage nach dem Warum zu beantworten. Das ist immer so wie die Frage nach dem Sinn des Lebens.

»Also, äh. Wenn man Deutschland kennen lernen will, so wie man es noch nicht kennt, muss man langsam sein, ganz langsam. Die Pilger haben sich früher harte Erbsen in die Schuhe getan, und ich bin mit dem Esel unterwegs.«

Hoffentlich klinge ich nicht wie ein Spinner.

Silvia ist wunderschön. So frisch und stark. Wie sie die Einkaufstüten aus ihrem Auto gehoben hat, das war so selbstbewusst.

Und ich? Ich bin dreckig. Ich stinke. Silberfolie quillt aus den geplatzten Nähten meiner Satteltaschen. Ich sehe komisch aus. Ich trage eine original Maojacke aus Peking, dunkelblau mit rundem Kragen und vier aufgesetzten Taschen. Mit Strohhalmen drauf. Dazu ein blaues Fahrradhemd der Gruppe Kraftwerk, Autobahn steht drauf, genau wie auf dem Verkehrsschild. Mit lauter Grasflecken. Und eine schwarze Reiterhose, eine Gerte und zweifarbige Wanderstiefel. Ich weiß auch nicht, warum ich mir so mickrig vorkomme. Vielleicht weil ich wahrscheinlich völlig verpickelt bin. Irgendwas grauenhaft Unästhetisches ist an mir dran, etwas völlig Unbekanntes, denn ich habe mich seit zwei Tagen nicht im Spiegel gesehen.

»Sie heißt Bella, weil sie so schön ist. Ich bekomme auch dauernd Komplimente, und viele meinen, sie sei schöner als ich. Nur ihre Ohren ...«

»Ja, die Ohren mag ich auch nicht, da sind deine wirklich schöner.«

Ist das alles, was sie an mir schöner findet als an meinem Esel? Silvia hat es wirklich so gesagt, als ob Bellas Ohren abstoßend wären und ich gerade noch in diesem einen Punkt etwas besser abschneide. Ich habe ganz normale Ohren, und man muss schon überirdisch in mich verliebt sein, um an ihnen etwas Besonderes zu finden. Und das war Silvia sicher nicht, überirdisch in mich verliebt. Außerdem sind Bellas Ohren auch sehr hübsch mit ihren goldenen Locken.

Dann, nach einer halben Stunde, als alles gesagt ist, fliehe ich wieder auf die Landstraße, obwohl es noch viel zu heiß ist.

Ich habe gelogen, denn alles, was ich gerade beschrieben habe, fand so gar nicht statt. Doch, es gab eine Silvia und sie ist auch wunderschön, nur alles, was ich dabei gedacht habe, steigt erst jetzt in mir auf. Auf dem brennend heißen Teer, wo sich der Kopf vom Körper löst und wie ein Fesselballon nur lose mit der Welt da unten verbunden vor sich hinschwebt. Die Liebe auf den ersten Blick zu Silvia fand erst hinterher statt. Auf der Straße, als ich Zeit zum Träumen hatte. Vorher ging alles zu schnell.

Warum erlebe ich keine romantischen Abenteuer? Es wäre doch genau der richtige Moment. Der Held, müde wie Robert Mitchum, kommt aus der Ferne, Zugluft um ihn herum, dunkel erleuchtet von der schweren Melancholie eines irgendwie traurigen Schicksals, und trifft auf die Schöne, die ein bisschen zu hübsch ist für das Dorf.

Wo sind die romantischen Hausfrauen im Blümchenkleid, die sich mir schüchtern errötend nähern und mir ein Bad anbieten? Hat Silvia etwa nicht *Die Brücken von Madison County* gelesen, dem Tränendrüsenbestseller, der mit Clint Eastwood und Meryl Streep verfilmt wurde?

Um ehrlich zu sein, ein Bad wäre mir im Augenblick sogar lieber als die Bewohner von romantischen Blümchenkleidern. Ich fühle mich so dreckig, dass in mir Sauberkeitsphantasien aufsteigen. Es gibt nicht nur schmutzige Phantasie.

Ich träume von sieben Anzügen, für jeden Tag der

Woche einen. Keine Weste, keine Krawatte. Aber Kniestrümpfe. Wenn ich nach Hause komme, werde ich als Erstes alle Socken wegwerfen. Ich kann sie nicht mehr ertragen.

Etwas war mit mir passiert. Ja, meine Beine schmerzen gar nicht mehr, keine Ahnung seit welchem Tag. Und weil mich der Schmerz verlassen hatte, war wieder Platz für andere Dinge in mir. Ich konnte mich zum Beispiel verlieben. Vielleicht könnte ich irgendwann auch mal wieder einen klugen Gedanken fassen, obwohl ich mich hier nur stumpf und dumpf durch die Landschaft bewege, wie jeder beliebige Tintenfisch oder Triathlet. Hat jemand schon mal einen Triathleten einen Satz mit mehr als einem Komma sagen hören?

Ich hatte Silvia gesagt, dass wir heute noch nach Morschem kommen, vielleicht wartet sie da und sucht mich? Wohl kaum. Silvia ist vermutlich Anfang zwanzig, ein schwieriges Alter für Frauen, denn ihnen steht die Welt offen, aber sie wissen nie, ob sie das ihrer atemberaubenden Jugend oder dem restlichen Teil ihrer Persönlichkeit verdanken. Irgendwann, wenn ihre Jugend nicht mehr ganz so atemberaubend ist, verschließt sich ihnen die Welt wieder. Ganz unmerklich, langsam, schleichend. Sie werden nicht mehr so viel angelächelt, im Geschäft werden sie nicht mehr so geduldig bedient, man macht nicht mehr so viele Ausnahmen, lässt nicht mehr alles durchgehen. Zuerst wundern sie sich, was habe ich falsch gemacht? Und dann dämmert es ihnen.

Arme Frauen.

Ach ja, was bin ich geworden? Ein achtunddreißigjähriger Lustgreis. Ebenso wie sich die Jugend bis mindestens in das vierte Lebensjahrzehnt schleppt und hinzieht, hat sich, wahrscheinlich aus denselben Gründen, auch die Midlifecrisis ausgebreitet. Genau, wie zwei ineinander übergehende Tintenflecke auf einem Löschpapier. Schon 23-Jährige seufzen sentimental von damals, dem Land, in dem alles besser war. Man muss in der Midlifecrisis verdammt aufpassen, keine Dummheiten zu machen, wie z. B. sich in Silvias verlieben. Das wäre dann doch zu peinlich.

Wir passieren eine neue Grenze, die Autobahn Frankfurt-Fulda. Statt nach Morschem, wie geplant, schaffen wir es nur bis zu einem Ort acht Kilometer davor, Niederbiesheim. Eigentlich hätte ich mir von Silvia ihre Telefonnummer geben lassen können, dann könnte ich sie jetzt fragen, ob sie nicht auf ein Bier vorbeikommen will. Weit ist es ja nicht. Jetzt bin ich frisch geduscht und rasiert. Ich sehe wieder halbwegs wie ein Mensch aus, wenn auch etwas verbrannt im Gesicht und mit wirrem Abenteurerblick. Und zum Friseur muss ich auch. Ich bestelle einen Grillteller.

Im Hotel von Niederbiesheim ist auch eine Reisegruppe älterer Damen untergebracht. Fünfzig Frauen, die mit einem Reisebus hergefahren worden sind, und vier Männer. Die meisten sind Witwen, sie haben das Alter erreicht, in dem Männer normalerweise sterben. Alle Frauen haben Übergewicht, ausnahmslos, die meisten schleichen dahin, als hätten sie dazu noch ein Hüftleiden. In diesen Körpern stecken allerhand Krankheiten, Rheuma, Gicht, Osteoporose, Bandscheibenvorfälle, Darmverschlüsse. Dabei ist das kein Kuraufenthalt, keine Krankenkassenfahrt, sondern es sind überdurchschnittlich aktive Frauen, die wenigstens noch mit dem Bus verreisen.

Männer in diesem Alter sind natürlich auch kein Wunder an Athletik, mit ihren Bäuchen, dem teigigen Gesicht und dem Teint von Bluthochdruck, aber alte Männer müssen ihre Kleider nicht alle in Geschäften einkaufen, die Molly Chic heißen. Dic Damen sehen wie zusammengesackte Tortenstücke aus. Von der Sonne im Schaufenster eines Konditors angesengt. Jahrelang haben sie Torten vernichtet, abgeräumt und weggeputzt und nun, wie in diesen 50er Jahre Science-Fiction Filmen, werden sie selbst zur Torte, vernichten die Torten sie. The revenge of the cream cake.

Arme Frauen.

Hessisch Lichtenau

Links verläuft eine alte Bahnlinie. Wie die Parallelen, die sich angeblich im Unendlichen treffen, führen die Bahnschienen wirklich ins Unendliche, ein Versprechen grenzenloser Freiheit. Winzige rote Tierchen leben auf den Schienen, eine Art von Rostläusen. Die Holzschwellen der Gleise erinnern mich an Planken von Piratenschiffen, gebleicht, gestreckt und mächtig, Galeerensklaven gleich dienen sie den Gleisen. Zwischen den Gleisanlagen Unkrautfelder. Pflanzen im Schotter. Geheimnisvoll wie ein fast zugewachsener Urwaldpfad, in dem das Unkraut kniehoch steht. Seit eh und je liebe ich diese staubigen Staudengewächse, die sich im alten Kies der Schienenstränge behaupten.

Hier kommt kein regelmäßiger Interregio vorbei, und nur dann und wann oder auch nie ein Güterzug.

Aber wie dumm wäre es, an einem bewachsenen Bahngleis zu sitzen. Zu warten. Nichts tun. Träumen. Borstenhirse, Sauerampfer, Ackerkohl und Weg-Rauke zuschauen, wie sie dem Wind zunicken.

Zum Glück bleibt man beim Reisen nicht an einem Ort. So viele schöne Landschaften, Häuser, Orte, Wiesen, Bäume tauchen auf, man nippt an ihnen, nimmt einen Eindruck mit, aber es ist eben nicht das Ende.

Als Reisender atme ich diesen Eindruck tief ein, koste ihn aus, lasse es nachklingen und gehe glücklich weiter. Irgendwann treffe ich wieder auf eine Gleisanlage.

Oder ein mächtiges, staubiges Zementwerk. Ein Moloch aus uralten Zeiten, ein industrieller Traum. Staub hat die unübersichtliche, abenteuerliche Anlage eingefärbt, gerade die Einfarbigkeit macht sie so wunderbar seltsam. Ich muss bei Zementfabriken immer an Quastenflosser denken, an ein anachronistisches Urtier, das aus der Tiefe gekrochen kommt. Sie sind miteinander durch ein gemeinsames Wurzelwerk verbunden und haben sich auf der ganzen Welt, in der Sahara und in der Bucht von Kanton aus dem Erdreich herausgebohrt. Da sind sie und bestäuben ihr Revier. Zementwerke sind einfach mächtig.

Zementwerke und davor ein Paar Schienen. Am Rand, hinter der Staubdecke, blüht weißlich rosa Gänse-Malve. Dann bin ich glücklich.

Für ein Tagesziel sind diese Eindrücke jedoch nicht genug, denn ich bin unendlich verwöhnt, abgebrüht und gelangweilt. Alles ist verfügbar und bezahlbar.

Diese innere Mauer zu durchbrechen, um noch einmal, wie früher, die Begeisterung zu spüren, bin ich aufgebrochen, zerschinde mir meine Fußsohlen, werde dumpf im Kopf und fange an zu stinken.

Weiter geht es. Es geht immer weiter. Bellas Hufe klappern auf dem Asphalt, wusch-wusch braust der Verkehr vorbei. Alle sehen uns, ich sehe niemand. Die Menschen winken uns zu, manche hupen, drücken den Daumen aus dem Fenster, öffnen ihr Verdeck und filmen uns mit einer Videokamera. Ein Koreaner auf einem Fahrrad hält an, schaut uns lange zu und fotografiert, nachdem er höflich um Erlaubnis gefragt hat.

Bei einer Sparkasse gibt es neues Geld aus dem EC-Automaten. Ein junger Mann fragt, ob ich Hunger habe. Aus einem Rucksack zieht er zwei Stullen hervor. Der ganze Rucksack ist voll davon, die Brotzeit für ein christliches Jugendlager. Dann reicht er mir noch ein Faltblatt über Jesus. Es ist das erste Mal, dass ich und nicht das Tier was zu essen geschenkt bekomme.

In Morschem trifft Bella einen Artgenossen. Sie bleibt stehen und schaut den Esel an. Sie will zu ihm. Nach ein paar Schritten stößt sie gegen die Schaufensterscheibe, direkt dahinter ist der andere Esel. Ich ziehe sie von ihrem Spiegelbild fort. Sie beobachtet, wie der andere Esel im Haushaltswaren-Center sie begleitet. Dann kommt die Mauer, der andere Esel ist verschwunden. Bella sieht ihm traurig nach. Kurz darauf sieht sie sich noch einmal im Spiegel, und wieder schaut sie erstaunt und freudig hin, bis sich der andere Esel unerklärlicherweise aufgelöst hat. Es ist das erste Mal, dass sie sich selbst gesehen hat. Und wie sehnsüchtig sie das Spiegelbild angesehen hat, wie einsam sie sein muss. Ich habe unendliches Mitleid mit ihr. Arme Bella.

Immer wieder dränge ich Bella auf das Grün neben der Straße. Der weichere Boden ist besser für ihre Gelenke als der Teer, es ist ungefährlicher, und außerdem läuft sie dann schneller. Aber manchmal streift dann das Gepäck an Bellas Seite an den Leitplanken. Am Seitenstreifen fehlen nur ein paar Zentimeter, wir könnten bequem am Rand langlaufen. Aber beim Bau der Straße hat niemand an bepackte Esel gedacht, die gerne auf dem Rand zwischen Asphalt und Leitplanke laufen würden. Ebenso wenig wie die Verfasser von Landkarten, die bei aller Genauigkeit nicht auf Eselsbrücken geachtet haben. Wenn Autos darüber fahren können oder der Bach darunter zugewachsen ist, dass man das fließende Wasser zumindest nicht auf beiden Seiten sieht, dann geht Bella hinüber. Aber wehe, wenn das Wasser zu sehen ist. Dann verringert sich sofort unsere Durchschnittsgeschwindigkeit. Wenn ich die Tagesroute plane, vermeide ich Fußgängerbrücken. Ein Radfahrer, ein Fußgänger, ein Mann mit Esel, jeder erlebt dieselbe Landschaft anders. Die Umwelt verändert ihr Medium. Als ob man durch ein gefärbtes Glas sieht.

Pferdebremsen fallen über Bella her. Blut tropft auf die Straße, Bellas rotes Blut. Gleichmütig schwenkt sie ihren Schwanz und ihr Haupt. Es sind große, fiese Biester. Ich laufe dicht neben Bella und schlage ein paar Bremsen tot. Aber sie wird weiter auf der andern Seite gestochen. Manchmal reibe ich die juckenden Stellen mit meinem Handballen. Sie schaut mich dankbar an. Bella ist wirklich ein wunderbar geduldiges Tier.

Wilde braune Kühe glotzen uns an. Schottische Hochlandrinder? Angus? Ich weiß es nicht, sie haben weit geschwungene Hörner und Locken auf der Stirn, die aussehen wie die Schamhaare von griechischen Statuen.

In Retterrode, das liegt zwischen Schnellrode und Glimmerrode, überholt uns ein älterer Mann mit kurzen Haaren und kurzen Hosen auf einem Moped. Vor ihm sitzt sein Enkel.

»Da vorne ist ein Brunnen für deinen Esel.«

Es ist ein guter Brunnen, kein fließendes Wasser. Bella trinkt. Aber auch ich habe Durst:

»Leider kein Trinkwasser.«

Der freundliche Opa startet sein Moped und holt mir eine Riesenflasche Cola. Ich bedanke mich. Der Enkel sieht den Esel schüchtern an. Draufsitzen will er nicht. Aber streicheln. Ganz vorsichtig.

Es ist früher Abend, kurz vor Hessisch Lichtenau schwebt ein Schild ›Zimmer frei‹ in der Luft. Gleich dahinter ist ein Reiterhof. Ja, ich bin ein glücklicher Mensch. Ein kleiner Hundewelpe kriecht über den Hof, ein paar Feierabendreiter sitzen herum. Wegen der Hitze bleiben die Pferde tagsüber alle im Stall und werden nur abends herausgelassen. Der Geschäftsführer dieser Reiteranlage ist ein ruhiger, sehr sympathischer Mensch. Ohne große Worte weist er Bella eine Koppel zu und zeigt mir, wo ich ihr Kraftfutter holen kann. Bisher hat noch niemand Miete für den Esel verlangt.

Jeden Abend zerre ich aus den Tiefen des Gepäcks mein Waschzeug heraus, wühle nach einer frischen Unterhose, meistens gibt es keine frische mehr, aber manchmal entdecke ich wenigstens noch saubere Socken. Mein Wecker ist mit Schokolade verschmiert, die ist in einer Seitentasche geschmolzen. Jetzt ist das ganze Zimmer der Pension voller Stroh, Gras, die Rettungsfolie knistert, die Schuhe müffeln vor sich hin, der Sattel liegt im Weg, und auf dem Teppichboden sind Brösel von Leckerli. Mit diesen kleinen gepressten Maisrollen, sie sehen wie runde Bauklötze aus und enthalten Öle und Vitamine, belohnt man Unpaarhufer wie Pferde und Esel. Allerdings ist Bella inzwischen durch die Vielfalt des Wegesrandes so verwöhnt, dass Leckerli nicht mehr der Gipfel ihres Daseins sind wie noch am Beginn unserer Reise.

Im Gepäck wühlen, sich mit Heißwasserhähnen und raffinierten Kaffeekannenverschlüssen rumärgern, sowie massenhaft Frühstückseier zu verdrücken sind die Standards einer jeden Reise.

Jeden Tag müssen die ganzen Innereien meines Gepäcks wieder in die Taschen gestopft werden. In jeder Pension sind die Betten mit Frotteespannbettbezügen hergerichtet, und jede Kaffeekanne am Frühstücksbuffet hat einen anderen Verschluss, und bei jeder Dusche muss man jeden Tag in Feinarbeit aufs Neue die richtige Mischung von Warm und Kalt herausfinden.

In jeder Pension gibt es jeden Morgen ein Ei. Die meisten Menschen sind bei ihrem Frühstück so pingelig wie Junggesellen, deren Vorlieben zu in Stein gemeißelten Gesetzen werden. Jahrzehntelange Einsamkeit ist für Junggesellen auf jeden Fall einer Änderung dieser Regeln vorzuziehen.

Die Wirtin der ›Zimmer frei‹-Pension direkt an der

Straße ist eine ältere Dame. Bei ihr herrscht Oma-Ordnung, Kakteen und Sofa sind gleichermaßen samtig und sauber, ruhig schlägt die Pendeluhr, ebenso ruhig und altehrwürdig glänzt das dunkle Eichenbuffet. Auf dem Fenstersims stehen Alpenveilchen unter den weißen Stores.

»Wie hätten Sie denn gerne Ihr Ei morgens?«

»Ein Dreiminuten-Ei.«

Nach Wahlhausen

Auf der Umgehungsstraße von Heli, wie die Einheimischen Hessisch Lichtenau abkürzen, rangieren Lastzüge durch ein Industriegebiet. Die Trucker und ich grüßen stumm von Cowboy zu Cowboy.

Aus einem weiß verputzten Einfamilienhaus ruft eine Frau:

»Wart mal, ich hab was für den Esel.«

Sie rennt hinter uns her und gibt mir eine Plastiktüte mit alten Brotkanten.

»Selbst gebacken«, verkündet sie stolz.

Es sind knochenharte, ebenholzdunkle Scheiben. Bella ist verrückt nach ihnen. Krachend zermalmt sie die Stücke. Sie stupst mich an, mehr, mehr, mehr! Aber irgendwann ist Schluss, und nach ein paar Minuten der Enttäuschung fügt sie sich und trottet geduldig weiter.

Grün strecken sich die Felder. Ein Bussard kreist, die Straße führt bergan. Ganz heimatlos und glücklich laufen wir voran. Das ist jetzt mein Beruf und mein

Leben, ich kann mir nicht mehr vorstellen, wie es vorher war und wie es nachher sein wird. Einfach nur laufen, laufen, laufen. Ringsum Landschaft, Wind und Himmel. Die Hitze hat nachgelassen, kühles Grau hat sich über die Berglandschaft gestülpt, wie ein Deckel auf dem Topf.

Ein Feldweg führt zu einer psychiatrischen Klinik. Von dort soll es einen Weg durch den Wald nach Meißenrode geben. So steht es auf meiner Karte, und auch ein Bauer, der einen Weidezaun flickt, kennt ihn. Einfach nach dem Krankenhaus geradeaus. Die Klinik scheint ausgestorben. Keine Ärzte, keine Patienten. Nur ein paar bunte Papiergirlanden aus der Bastelstunde flattern in den offenen Fenstern. Endlich eine Schwester, sie hat keine Ahnung, wo der Weg nach Meißenrode ist. Hinter der Klinik führt ein Weg in den Wald. Dann hört der Weg auf, und wir sind wieder im Urwald. Meine nackten Schenkel streifen durch Brennnesseln.

Zwei winzige Bächlein, eher Rinnsale im nassen Waldboden, lassen Bella scheuen und bocken. Immer wieder ziehe ich sie voran, laufe durch den Matsch, schlage ihr auf den Hintern und brülle sie an. Ein dutzend Mal überquere ich so das Wässerchen, bis sie endlich auch drüben ist. Wir steigen den Hügel herunter. Es ist steil und rutschig. Ich verliere etwas die Orientierung und will nur noch raus aus dem Wald. Dorthin, wo es hell ist. Da sind noch mehr Brennnesseln. Ich blute ein wenig. Bella bleibt immer wieder trotzig stehen, ich zerre sie voran, um möglichst schnell hier rauszukommen. Dann haben wir es geschafft und laufen einen Feldweg auf ein Dorf zu. Es ist nicht Meißenrode, sondern Frankenhausen. Die Abkürzung durch den Wald war umsonst.

Auf einem Feldweg nähern wir uns Frankenhausen. Ein Mann, der in seiner Garage sein Auto wäscht, zeigt uns den Weg. Er scheint der einzige Bewohner des Ortes zu sein. Tack-tack machen Bellas Hufe. Hinter dem Dorfausgang wird die Straße steil und steiler. Was es alles für Berge gibt in Deutschland, unfassbar. Meißner heißt das hier, so steht es wenigstens quer über der Landkarte. Nie gehört.

Wie lange habe ich schon nicht mehr mit einem Menschen geredet?

»Na, Bella, was sind wir für zwei? Macht dir das Ganze noch Spaß?«

Sie ist wirklich ein liebes Tier.

»Du bist vielleicht ein wenig verfressen, aber auch sehr geduldig.«

Ich streichle ihre Schnauze. Ihren harten Schädel, ihr weiche Schnauze.

Wann habe ich das letzte Mal was gegessen? Gestern?

Der Hunger treibt mich in die Dörfer. Wir stehen vor verschlossenen Türen, wieder einmal ist Ruhetag der Gaststätten. Bella knabbert an Äpfeln, die am Straßenrand liegen. Zwei Dörfer lang geht das so, stundenlange Hungerkilometer. Noch ein Anstieg, und dann geht es flussabwärts zur Werra hinunter. Eine enge, kurvige Straße, die jeden verleitet, wahnsinnig zu fahren. Rumms-rumms brettern die Autos vorbei. Die Kurven hören nicht auf, Lastwagen auf Lastwagen stürzt sich hinunter, dahinter ungeduldige Autos, die noch schneller fahren wollen, und auf der anderen Straßenseite heulen sie in freier Fahrt empor.

Bella und ich ziehen uns in unser jeweiliges Inneres zurück, lassen die Welt so weit als möglich draußen und hoffen, dass sie uns in Ruhe lässt und nicht platt fährt. Ein paar gelbe Kreuze am Rand erinnern an die toten Raser. Ich habe kein Mitleid mit ihnen. Der Lärm nagt an uns, ob wir wollen oder nicht, er frisst sich an die Ränder unseres Bewusstseins. Wie ein Ertrinkender, der auch nicht zurück ins Leben will sondern, einfach nur sanft abgleiten, wenn da nicht der Lärm der Lebensretter wäre.

Wir erreichen Bad Sooden-Allendorf. Deutschland ist wirklich schön, einige Landschaften können mit allem mithalten, was es auf der Welt gibt. Das wissen auch die Busse voll Rentner, die in Bad Sooden kuren. Die Landschaften sind wie gesagt herrlich, aber davon kann man ja nicht leben, man muss ja auch irgendwo unterkommen. Das sind dann Orte wie Bad Sooden. Sie sind ruhig, sehr ruhig. Gepflegt und ruhig. Das Leben ist in Essenszeiten eingeteilt, nachmittags gibt es Kaffee und Kuchen. Gemütlich, gutbürgerlich. Bad Sooden-Allendorf an der Werra ist so ähnlich wie Boppard am Rhein, aber ich bin nicht mehr derselbe. Vielleicht bin ich geduldiger geworden, nachsichtiger, und laufe nicht mehr mit einer Handgranate in Spießeridyllen herum. Vielleicht muss ich auch nur den körperlichen Schmerz nicht mehr verbrennen. Oder ich bin einfach abgestumpft.

Grenzenloser Hunger treibt mich hinein nach Bad Sooden-Allendorf. In einem Gasthaus gibt es angeblich Pfifferlinge mit Knödeln. Leider sind es Kartoffelklöße und keine aus Semmeln. Aber dafür mit einer Lawine aus Sahne bedeckt. Auch Bella bekommt einen Eimer Wasser und wird von neurotischen Kindern mit Gras gefüttert.

Merkwürdigerweise ist das ja meine Heimat hier, diese leblosen Dörfer in der schönen Landschaft. Im Amerikanischen gibt es diesen Satz: You can get the boy out of the village, but you can't get the village out of the boy. Und das soll in mir drin sein? Die Geranienvorgärten? Die bemalten Holzlöffel und Strohblumen als Wandschmuck? Lerne ich mich so selbst kennen, das Reisen eine Art Yoga, ein Deutschland-Tantra, bei dem man ganz vorsichtig an sich Sachen entdeckt?

Wir überqueren die Werra, dreihundert Meter vor dem Campingplatz in Wahlhausen legt sich Bella hin und will nicht mehr weiter. Ich schnalle Gepäck und Sattel ab und bereite das Nachtlager vor. Keine fünf Meter entfernt verlief die deutsch-deutsche Grenze. Angenehm unpathetisch verläuft hier ein kleiner Weg, und die Felder sehen aus wie überall. An der Werra gegenüber rast ein silberner ICE am Waldrand vorbei.

Es ist dunkle Nacht, und riesige weiße Flecken flammen auf. Die Scheinwerfer der vorbeifahrenden Autos werfen ihr Licht auf die Wand des Waldrands. Es sieht aus wie ein Gespenstertuch. Tiefschwarz steht Bella auf der Wiese, ihr massiger Schädel zum Boden geneigt. Sie grast. Ein Elch, ein Urvieh. Ich schlafe weiter.

Nach Kreuzebra

Guten Morgen Straße, wie geht es denn heute?

Die ersten Menschen, die ich in der Frühe in Thüringen treffe, ein paar hundert Meter hinter der ehemaligen Grenze, sind Bürgerkriegsflüchtlinge aus Bosnien. Sie müssen heute zurück und haben gestern Abschied gefeiert, nun bringen sie ihre leeren Pfandflaschen zum gelbblauen Getränkemarkt. Glücklich sind sie nicht, und doch liegt die Aufregung einer großen Fahrt über ihnen. Blonde Kinder, die perfekt Deutsch sprechen, streicheln Bella, dann steigen sie in den Bus nach Bosnien.

Wir trotten kleine Asphaltstraßen entlang. Bella läuft am liebsten auf der Mitte des falschen Fahrstreifens, wenn ich sie nicht ständig am Seil zu mir zerre, und mir tun schon die Arme weh, steuert sie unweigerlich nach links.

Bei Wüstheutrode biegen wir in den kühlen Wald ein. Wieder geht es bergauf und bergab. Markierte Stämme liegen am Wegrand, schuppige Rinde ringsum. Über den Blüten einer Sommerwiese liegt ein leichtes Insektensummen. Diesmal verlaufen wir uns nicht.

Auf der Straße sammelt Bella Äpfel am Straßenrand auf, manchmal breche ich Mais vom Feld, sie rennt hinter mir her, um an den Mais zu kommen. Mit kleinen Bissen ködere ich sie vorwärts. Sie bricht krachend ein Stück vom Stängel ab, kaut zufrieden, schlürft den süßen Saft aus dem Mark und trabt, ja, sie trabt richtig, noch kauend, hinter dem Rest des Maises her. Auch als sie ihn aufgegessen hat, läuft sie gierig noch schneller, stupst mich mit ihrer weichen Schnauze an, kann es nicht fassen, nicht glauben, dass nichts mehr da ist, bedrängt mich von rechts und von links, bis sie endgültig einsehen muss, da ist nichts mehr zu holen. Langsam wird sie langsamer.

Die Landschaft hat sich verändert, seit wir in Thüringen sind. Die gelbgrüne Patchworkdecke der Äcker aus schiefen Trapezen und Tortenstücken ist verschwunden. Die Felder der ehemaligen LPGs sind riesig groß, unendliche Äcker decken alles bis zum Waldrand zu. Durch das goldene Tal zieht sich eine Linie von Strommasten, wie Indianer auf dem Kriegspfad. Es sieht aus wie in Amerika. Ganz weit gehen diese Felder, wie eine einzige Decke überziehen sie Hügel und Täler. So sanft geschwungen, ineinander übergehend, sich voreinander teilend, dass man sie mit den Händen streicheln möchte. Sexy Horizont.

Am Ortseingang von Flinsberg steht: Geographischer Mittelpunkt von Deutschland. Ich glaube, ich bin schon in drei Dörfern gewesen, die behaupten, deutscher Mittelpunkt zu sein. Wie misst man das überhaupt? Zieht man vom nördlichsten Punkt eine Linie zum südlichsten und kreuzt die dann mit der extremsten west-östlichen Verbindung? Oder nimmt man die Gesamtfläche, rollt sie gleichmäßig wie einen Pizzateig aus und nimmt dann die Mitte dieses gewichteten Kreises?

Eine Katze belauert uns. Sie schleicht neben uns her, immer vorsichtig auf Deckung bedacht, als wären wir gefährlich. So macht sie sich ihr Leben spannend.

Aus dem Fenster einer Baustelle werden wir auf Video aufgenommen, ein junger Mann läuft hinter mir her:

»He, willst du noch ein Maultier haben?«

»Brauchst du es nicht mehr?«

»Ne, kannste gleich mitnehmen.«

»Nein danke.«

Was soll ich mit einem Maultier?

Der letzte Winter war warm gewesen, eine gewaltige Mäuseplage hat sich breit gemacht. Es raschelt ständig am Feldrand, einen Meter vor mir verschwinden die Nager in ihren Gängen, überall sind ihre Löcher, dicht an dicht. Es müssen Abermillionen sein.

Bussarde kreisen am Himmel, die müssen sich ein bisschen blöd vorkommen, da hat ihnen die Natur dieses wunderbare Talent geschenkt, von ganz oben die Beute zu erkennen und blitzschnell hinab zu stoßen, und nun bieten sich die Mäuse da unten an wie ein übervolles Buffet von Partysnacks bei einer Vernissage.

Mäusefellfetzen sprenkeln die Straße, von den rasenden Reifen immer weiter in den Teer gedrückt, bis der braun-weiße Flaum darin ganz versunken und abgeschliffen ist. Beim Vorbeiwandern sind es Dutzende pro Minute. Auf dem Asphalt liegen ausgewalzte Igel, blutige Innereien quellen unter dem zerknickten Stachelfell hervor. Platte, silbrige Schlangenleichen, Tauben und Meisen mit zerbrochenen Flügeln liegen am Straßenrand. Das sind noch die Glücklichen mit dem schnellen Tod. Im Graben liegen die, die es noch ein paar Meter geschafft haben und dann dort wer weiß wie lange verreckt sind. Das Kaninchen sieht noch fast heil aus, ist es innerlich verblutet oder mit gebrochenen Läufen verhungert? Von einem Katzenkopf hat sich das Fell vom Schädel verzogen, als wäre es im Tod zu klein geworden. Die spitzen langen Zähne im fleischlosen Maul grinsen teuflisch, die leeren Augen starren irrsinnig wütend zurück zur Straße, direkt zu mir. Wie ein Fluch.

Das wäre mal ein interessantes Bodendesign für das Küchenlinoleum: flache Fauna.

Auch diese Nacht schlafen wir unter freiem Himmel, ohne Abendbrot für mich, aber dafür gibt es eine satte Wiese für den Esel. Ich lausche einem einsamen Insekt, das wie ein Hubschrauber über die unendliche Weite der Wiese brummt. Ganz wie in *Apocalypse Now*.

Ich habe meine Bücher ausgelesen. Der Akku des Handys ist leer. Es wird langsam dunkel, aber ich bin noch nicht müde. Über uns der Himmelsbaldachin mit den feinen Nadelstichen, die das Licht aus dem Jenseits durchlassen. Sternschnuppen des Laurentiussturms streifen über das Firmament. Hier unten kommt man sich wie im Fokus eines dunklen Brennglases vor. Alle Linien führen zu mir.

Gute Nacht, Straße, bis morgen.

Siegfriederode

Bella ist unwillig. Sie schreit ungeduldig wie ein kleines Kind, als ich mir beim Spar ein Frühstück hole. Sie schleicht vor sich hin, lechzt nach Wasser, will aber nicht aus dem Bach trinken, läuft noch langsamer und, als ich mich mit einem Passanten im Dorf unterhalte, legt sie sich hin. Um neun Uhr morgens. Irgendwann steht sie wieder auf, schleppt sich langsam voran, bleibt ständig stehen. Ich werde immer mürrischer, die zwei Nächte draußen, die dreckige Wäsche, mein fauler Atem verderben mir die Laune. Ich will weiter, endlich mit dieser Reise aufhören, aber dazu müssen wir ans Ziel kommen. Dann, es ist Mittag, es ist heiß, an einer Kreuzung in Gernrode legt sich das verdammte Mistvieh wieder auf eine Wiese und steht nicht mehr auf. Sie ist müde und erschöpft.

»Nein, Bella, auf geht's, weiter. Noch ist nicht Pause, du dummes Vieh.«

Es ist alles vergeblich. Schlecht gelaunt setze ich mich zu ihr und warte.

Ein Opa und seine Enkelin bringen einen Eimer Wasser und einen Salatkopf für das faule Tier. Kleine Jungs stehen auf ihren Fahrrädern um uns herum, schauen uns zu, und ich lasse alles geschehen. Den Jungs ist es irgendwann zu langweilig, wie wir da rumliegen, und sie zählen wieder die Automarken auf, die vorbeifahren. So wie jeden Tag.

Bella stöhnt, sie atmet schwer. Aus dem Edeka bekommt sie Karotten und Haferflocken. Ich kaufe mir ein Rote-Grütze-Eis vom Gasthaus gegenüber, lege mich auf das abgeschnallte Gepäck. Es ist eine kurzgeschorene Wiese unter einer Ziertanne, rechts und links fahren Autos vorbei, sehr ungemütlich. Da ist sie, die Frage, die irgendwann bei jeder Reise über dem Horizont aufsteigt:

WAS MACHE ICH HIER?

Es ist so ein Tag, an dem ich das nicht beantworten kann. Wenn man zu Hause auf dem Balkon sitzt, mit gutem Gewissen und gutem Essen, die Sonnenstrahlen von der Mauer im Rücken, dann taucht sie nie auf, diese Frage: Was mache ich hier?

Ach ja, ich würde jetzt gerne woanders als auf einem verdorrten Stück Wiese an einer Kreuzung in Gernrode sein. Chinesisch kochen oder mir eine lustige Alkoholvergiftung zuziehen. Oder bis zur Verblödung zappen. Oder mal wieder ein paar gescheite Bücher lesen. Vor allem aber mal wieder frische Socken tragen und nicht diese stinkigen Dinger mit pieksigem Stroh und Kletten dran. Die schmeiße ich sofort weg, wenn ich nach Hause komme.

Ein- und Ausatmen. Ich habe Zeit. Es ist, wie es ist. Das gehört dazu. Alles ist gut.

Wir werden einen Rasttag einlegen, wir sind seit zehn Tage ununterbrochen unterwegs. Seit Tiefenbach an der Lahn. Wie lange das schon her ist.

Opa und Enkelin kommen noch mal vorbei, das Mädchen schleckt ein Eis, er rät mir, zum Reiterhof Siegfriederode zu laufen. Der sei nicht weit weg, zwei Kilometer, gleich dort, wo die neue Autobahn gebaut wird.

Ich überlege es mir. Soll ich die Etappe abbrechen, heute doch nicht ans geplante Ziel kommen? Einfach so?

Nach zwei Stunden steht Bella endlich auf. Wir laufen zum Reiterhof Siegfriederode. Die letzten zwei, drei Kilometer des Tages auf einem Feldweg durch die Äcker. Hier kommt eine neue Autobahn hin, ein Brückenkopf hat sich aus der Erde gewühlt. Schläfrig steigt der Staub empor, selbst die Hitze scheint müde zu sein, so bettschwer hängt sie über den abgeernteten Feldern.

Der Reiterhof Siegfriederode ist ein ehemaliger Bauernhof, eine große Anlage mit Kneipe, Teich und vielen Koppeln. Überall sind Pferde und Ponys. Ein Hängebauchschwein und ihr Junges liegen im Schatten eines Bauwagens. Am Wegrand ist eine Ziege angebunden, um sie herum saust ihr Zicklein. Dutzende von Mädchen und Männern laufen kreuz und quer, ein Pferd wird an der Longe geführt, Biertrinker winken fröhlich von den Bänken, alles stürzt auf mich ein:

»Was ist denn das? Ein Esel oder ein Maultier? Darf ich mal streicheln? Schlägt er aus? Morgen ist übrigens das Bananenfest, da musst du unbedingt mit, ja? Mit dem Esel.«

Ja, ja. Erst mal wird Bella abgesattelt und in einen Stall geführt. Dann beziehe ich ein Zimmer, wieder mit Spannbetttüchern, verteile das Innere meiner Satteltaschen. Ich suche was Sauberes zum Anziehen, wasche eine Garnitur im Waschbecken mit Haarshampoo und dusche. Dusche, dusche, dusche. Erst jetzt fühle ich mich den Menschen da unten wieder gewachsen. Ich setze mich auf eine Bank und trinke ein Radler.

Reiter kommen und gehen, hoch zu Ross. Mädchen striegeln ihre Tiere, Papa trinkt sein Bier, Mama auch. Es ist sehr friedlich, und der Himmel gibt seinen Segen dazu. Ein rothaariger und rostgesichtiger Mann erklärt mir das Bananenfest. Er ist Bierbrauer, und wie sich später herausstellt, ein guter Kunde seiner selbst.

»Im Nachbardorf, da lebt Banane. Der nennt sich Banane. Bei dem ist alles Banane. Einmal im Jahr gibt er ein Bananenfest. Da begrüßt dich eine lebende Banane im Garten, Banane lässt sich jedes Jahr was anderes einfallen. Er ist ein Original, da musst du einfach hin.«

Genau verstanden habe ich das immer noch nicht.

»Wir reiten da alle hin, und Banane hat dich auch eingeladen, der fand das super mit dem Esel. Den musst du unbedingt morgen mitbringen.«

Sechs Kilometer seien es angeblich dahin, das ist mir zu viel mit dem Esel. Bella braucht einen Ruhetag, aber ich komme gerne mit.

Wie auf jedem Reiterhof wimmelt es hier von Mädchen im Alter von sechs bis fünfzehn. Bisher habe ich mich immer lustig gemacht über den Pferdefimmel von Frauen, aber jetzt verstehe ich ihn. Die Mädchen laufen in verschwitzten und verdreckten T-Shirts in den Ställen und Koppeln herum, Stroh im Haar und glückliche Anstrengung im Gesicht. Sie müssen sich den Respekt der erwachsenen Reiter erkämpfen und können sich in einer wilden Welt behaupten. Reiterhöfe sind das Karl May für Mädchen.

Liebevoll striegeln und putzen sie die Tiere, auch Bellas Fransen zwischen den Ohren werden zu einem Zopf geflochten, sie reden wie mit Puppen zu ihnen:

»Nun mach schon, so ist brav.«

Pferde gehorchen wie Puppen, aber nur fast. Dieses Widerspenstige macht sie menschenähnlich, aber zum Glück folgen sie zum Schluss doch den Befehlen. Die Mädchen lernen sich durchzusetzen, mit unverständlichen Reaktionen umzugehen, die allerdings bei weitem nicht so unverständlich, so von der anderen Welt sind wie das terroristische Verhalten des anderen Geschlechts in diesem Alter. Pferde sind die Zwischenstufe von der Puppe zum Mann.

Ich schlafe gut und schön. Am nächsten Tag kommt Bella auf eine Wiese an einem Ententeich, dort kann sie sich ausruhen, während ich das geheimnisumwitterte Bananenfest besuchen will. Eine Gästegruppe vom Reiterhof sammelt sich, wir verlassen Siegfriederode mit einem Ponygespann und zwei Kutschen mit Kaltblütern.

Das sind mächtige, unendlich kräftige Tiere mit tellergroßen Hufen und Ärschen wie Sofas. Gewaltige Felsen im Fluss, rund, stark und aus einer andern Zeit. Kaltblüter sind die besten Pferde der Welt.

Wegen meines Esels habe ich gehöriges Prestige, beide Kutschen laden mich auf den Bock ein. Zuerst sitze ich bei einem Waldarbeiter, der mit seinen Kaltblütern Bäume rückt. Jeden Morgen zieht er riesige Stämme aus dem Wald. Eine urtümliche, gewaltige Arbeit. Es gibt nicht mehr viele von seiner Sorte.

Ich darf auch ein wenig kutschieren und den falben Herkules da vorne lenken. Pferde laufen anders als Esel, tack-tack. Nach weit mehr als den angeblichen sechs Kilometern kommen wir beim sagenhaften Banane an. Das ist ein jugendlicher Mann zwischen vierzig und fünfzig, der einen Autoabschleppdienst und Reparaturservice betreibt. Er trägt scheußliche kurze Leinenhosen, ein T-Shirt mit ›Ich bin der Boss‹ und kämmt sich seine Haare über die kahlen Stellen am Schädel. Ein Wahnsinniger, ein Bastler, einer, der immer unterwegs sein muss, mit allem, was sich irgendwie bewegt. Sein berühmtes Bananenauto ist ein gelbroter Trabi mit Flugzeugbereifung hinten, ohne Fenster und ohne Nummernschild. Damit düst er auch durchs Dorf.

Bei Banane treffen sich alle Cowboys der Gegend. Lederleggins über den Jeans, breite Rodeogürtelschnallen mit Bären drauf, Perlenstickereien mit Adlerkopf auf dem Rücken der Jeansweste, Schnurrbart, ein Pferd am Zügel und einen sehnsuchtsvollen Blick nach Bier und Prärie im Gesicht. Da stehen sie, die Familienväter, zwischen Autowracks, Vierradantrieben, Kutschen, kleinen Kindern und dem Staub des Llano Estacado. Wo bin ich hier gelandet? Ganz ganz großartig.

Auf den Bierbänken sitzt eine ziemlich große Gruppe mit Down-Syndrom, sie trinken Fanta. Manche stehen auf, in einer Hand noch den Pappbecher, und tanzen fröhlich zu scheppernd volkstümlicher Musik aus dem Radio.

Irgendjemand schmiert sich grüne Farbe ins Haar und springt nackt in den kleinen Swimmingpool mit dem nicht sonderlich sauberen Wasser. Alle trinken Bier. Ich stehe in einer alten Burgkammer mit einem vertrockneten Brunnenschacht in der Mitte. Angeblich gibt es hier einen Geheimgang. Aufgeblasene Chiquita-Bananen hängen unter dem Gewölbe. Um die Ecke verdeckt ein Duschvorhang das einzige Pissoir. Draußen werden Würstchen gebraten und Bier gezapft.

»Wollen Sie vielleicht Ihren Esel gegen ein Pferd eintauschen?«

Wendelin Biermann, der Besitzer des Reiterhofs, fragt das im Ernst. Er will seinem Reiterhof eine weitere Attraktion verschaffen. Seine Augen blitzen tatkräftig unter den buschigen Brauen hervor, seine Haut ist wettergegerbt. Ein sympathischer Typ, der weiß, wo es langgeht.

Ich lehne den Tausch ab, was soll ich mit einem Pferd?

Aber ich überlege, ob ich Bella nach der Reise nicht auf dem Reiterhof Siegfriederode unterbringen soll.

Ich hatte den Esel einer Frau K. versprochen, einer professionellen Tierfreundin bei Neuruppin. Das war auch das zufällig ausgewürfelte Ziel dieser Reise. Dort sollte Bella mit einem Pony, einem Pferd und einem altersschwachen Esel zusammen auf einer Koppel stehen. Als ich Frau K. besuchte, wurden die Hunde ins Haus gesperrt, bevor ich die Gartentür passieren konnte, sonst wären sie über mich hergefallen. Alle ihre Tiere hatten ein schreckliches Schicksal hinter sich und waren dementsprechend neurotisch. Beim Gang zur Toilette musste Frau K. mich begleiten, um einen ganz besonders gestörten Hund festzuhalten, damit ich ungebissen pinkeln gehen konnte. Frau K., ausgebildete Tierarzthelferin, war Gebietsleiterin für Tupperware. Sie hatte drei Kinder, die irgendwo im Haushalt über Schnellkocher, Hundefutterpakete und Flohmarktware stolperten. Eine der vielen Katzen hatte gerade eines der vielen Meerschweinchen gefressen, die Tochter weinte.

Neben dem Wohnzimmer der Familie K. lag das Katzenzimmer, auch hier wurde ich durchgeschleust, damit keines der Tiere entwischen konnte. Im Katzenzimmer wimmelte es von superschlanken, superhässlichen Rassekatzen. Trophäen von Schönheitskonkurrenzen standen auf dem Buffet. Ein mannshohes Terrarium im Katzenzimmer beherbergte ein paar Echsen.

»Ah, Leguane«, sagte ich. »Ich mag Reptilien.«

»Naja, die sind nicht ganz mein Fall. Zum Glück haben wir die Boa nicht mehr.«

Hier war wirklich der Wahnsinn ausgebrochen. Aber das Schlimmste war der Fuchs. Vor ein paar Wochen hatte der Förster im Wald einen angefahrenen Fuchswelpen gefunden. Er brachte es nicht übers Herz, ihn zu erschießen, sondern zu Frau K. Dort lebte er nun im Treppenhaus, stank und schiss alles voll. Ein stechender Geruch kam von oben, Fuchspisse.

Für den Fuchs sollte extra ein sechzig Quadratmeter großes Freigehege gebaut werden. Da Füchse durch selbstgegrabene Tunnel zu fliehen pflegen, muss es mit einer im Boden versenkten Betonplatte gesichert werden, die allein 1600 Mark kostet. Füchse sind übrigens nicht vom Aussterben bedroht. Weiter als bis zum Fuchs bin ich nicht im Haus vorgedrungen. Was mögen oben wohl noch für Viecher hausen? Tapire?

Das war mal ein gutbürgerlicher Haushalt mit Eichenschränken und Biedermeiermöbeln gewesen, aber die Tierliebe hat alles ins Chaos gezogen. Die Möbel angekratzt und zerbissen, Katzenfutter auf dem glänzenden Eichenfurnier, überall Päckchen und Kleiderhaufen. Der meist abwesende Ehemann K. arbeitete bei einer Bank. Vermutlich als Direktor, sonst könnte sich seine Frau das alles nicht leisten. Im Zentrum des Orkans stand Frau K., rauchend, einen Arm im Verband, sie hat irgendeine Zerrung, gab Kommandos, tauschte Babykleidung, Kinderspielzeug und Dienstleistungen mit anderen Tupperwarevertreterinnen. Frau K. hat einen Kreis von dienstbaren Geistern um sich versammelt, heimlichen Schriftstellerinnen mit Ziegen im Stall, Tierfreunden mit riesigen Hunden, arbeitslosen Studentinnen mit unrasierten Beinen, alles allein erziehende Mütter auf Einödhöfen hinter einem Wall hoher Bäume in der protestantischen Ebene der Prignitz und unter dem gewaltig grauen Himmel, der einen ständig zu beobachten scheint, vor dem man nichts verbergen kann.

Als ich bei Frau K. anrief, um ihr mitzuteilen, Bella würde in Thüringen bleiben, ging ihr Telefon nicht. Der Fuchs hatte die Leitung durchgebissen. Als ich sie zwei Wochen später erreichen konnte, klang sie ganz traurig: Die Kinder hätten sich schon so gefreut. Sie seien gar nicht mehr aus dem Haus gegangen, weil Bella jederzeit kommen könnte. Ich hatte ein mordsschlechtes Gewissen.

Bella soll also nach dem Ende der Reise nach Siegfriederode kommen. Jetzt kann ich nach Lust und Laune weiterwandern. Leider habe ich nun kein echtes Ziel mehr. Bisher habe ich immer auf die Frage nach dem Ziel mit ›Berlin‹ geantwortet. Ich werde das auch weiter machen und in meinem Kopf die ursprüngliche Richtung beibehalten.

»Gut, Herr Biermann, Sie können den Esel haben. Sie müssen ihn nur abholen, wenn ich am Ziel bin.«

Wir reichen uns die Hand, wie es bei Viehhändlern üblich ist. Abgemacht.

Dann schauen wir uns das Bananenrennen an. Banane prescht mit einem umgebauten Trabi durch den Parcours, den er auf einer Wiese eingerichtet hat. Rauchend und spotzend poltert er auf eine selbst gebaute Wippe und springt mitsamt dem Trabi zwei Meter hinunter, immer und immer wieder, bis das Auto seinen Geist aufgibt.

Mit einem zweiten Trabi rast er noch einmal durch den Parcours, allerdings ohne Wippe, und lässt die

Zeit stoppen. Jetzt sind die Reiter und die Kutschen dran. Hü! wie der Wind galoppieren die Cowboys durch den Slalom. Nur das rückwärts Einparken zwischen zwei Markierungen am Hang verweigern sie, rückwärts ist die Erniedrigung schlechthin für Pferde. Allein der Waldarbeiter schaffte es, sein Kaltblut hineinzubugsieren. Als Ballast rase ich mit dem Gespann des Bierbrauers über das Feld. Sein rotes Gesicht ist von Alkohol und Zigaretten gefurcht wie die Wüste mit Canyons.

Er stammt aus der hiesigen Gegend; kurz vor der Zwangsumsiedlung, die ihn als unsicheren Kantonisten im Grenzgebiet unweigerlich betroffen hätte, ist er auf die andere Seite der Grenze gewechselt, in den Landkreis Göttingen, gleich nebenan. Nach der Wende ist er zurückgekommen und hat die Brauerei seiner Familie ›Neun Springe‹ neu aufgebaut. Er ist geschieden, ebenso wie seine dünne Freundin mit den kleinen Stechpupillen, sie hat drei Kinder. Die beiden kennen sich seit zwanzig Jahren, vielleicht haben sie auch schon so lange ein Verhältnis. Über die Ehen hinweg. Es ist eine von diesen Geschichten. Er und sie sind zwei Einzelgänger, die sich nichts zu sagen haben, aber doch aus der Ferne zusammengehören, wenigstens manchmal. Wir drei machen einen Spaziergang zu einer Burg.

Die Freundin des Bierbrauers, ich habe ihren Namen vergessen, erzählt mir Geschichten aus ihrem Leben. Sie sieht mich mit ihren Stecknadelaugen an und raucht. Manchmal ist sie schön und manchmal hässlich.

Man kann an mir seine Sorgen und Wünsche aufhängen wie an einer Garderobe. Dass ich als Fremder so plötzlich und nur für einen Tag in ihr Leben aufgenommen werde, als hätte das Karussell extra für mich gehalten und als würde ich nicht nur von außen zuschauen, verdanke ich wohl Bella und meinem geheimnisvollen Status als reisender Abenteurer. Wie der Wind nehme ich die Seufzer mit mir fort.

Unsere Gruppe fährt noch zu einem Schützenfest in ein anderes Dorf. Das Gasthaus dort gehört auch Wendelin Biermann. Ich glaube, er verdankt seinen Reichtum der Autobahn, an die er Teile seiner Landwirtschaft verkauft hat. Wir trinken noch mehr Bier. Neben den beiden Kutschern, dem Bierbrauer und dem Waldarbeiter gehört auch eine Familie zu uns. Eine energische vollbusige Frau mit drei Töchtern und einem Mann. Die älteste Tochter sieht etwas verbittert aus, ihr Freund wie ein Arschloch. Die zweite Tochter ist die hübscheste, und neben ihr sitzt ihr stummer Ex-Freund. Ihr aktueller Freund ist der vernünftigste von allen und streitet sich mit seinem Quasi-Schwager, dem, der wie ein Arsch aussieht. Es geht, soweit ich es mitbekommen habe, um Geld oder um irgendeine bezahlte Bierrechnung und gegenseitiges Nichteinladen und eine unpassende Bemerkung. Beinahe prügeln sie sich zwischen Theke und Grill. Die dritte Tochter ist die schlaueste, sie ist sieben Jahre alt.

Auf der Rückfahrt sitze ich mit der Familie in der Kutsche des Bierbrauers. Er überholt das Gespann des Waldarbeiters. Dessen Kaltblut scheut, bricht aus und rast durch einen Zaun in einen Gemüsegarten. Es ist ein starker Drahtzaun, aber kein Hindernis für das gewaltige Pferd. Der Schaum vor dem Maul flattert in großen Flocken auf die zertrampelten Kohlköpfe und

Radieschen. Ein Wunder, dass die Kutsche nicht umgefallen ist. Verblüfft und ratlos stehen die Passagiere im Garten.

Es gibt einen großen Streit. Der Waldarbeiter schreit den Bierbrauer an:

»Was rast du denn da an uns vorbei? Wir hatten doch vor fünf Minuten ausgemacht, gemütlich nach Hause zu fahren!«

Seine Kutschenstange ist zerbrochen, so eine gibt es selten, außerdem ist sie teuer. Die meisten geben dem Bierbrauer die Schuld und sind so beleidigt, dass sie nicht mit ihm fahren wollen. Obwohl eine Kutsche ausgefallen ist, wird unsere nun viel leerer. Der Ex-Freund der zweiten Tochter läuft zu Fuß. Er muss morgen früh in der Kaserne sein. Seltsamerweise hing er die ganze Zeit bei seiner Ex-Freundin rum, der hübschen Tochter, während seine eigentliche Freundin auf dem Reiterhof in Siegfriederode sich langweilte oder nicht mitkommen wollte. Oder was weiß ich, wer nun warum beleidigt oder du-hast-aber-gesagt oder gelangweilt ist.

In dem ganzen Hin und Her, wer nun wie nach Hause kommt und wie das Pferd und die kaputte Kutsche versorgt werden, will nur einer zu uns aufsteigen, der nette, anhängliche Dorfdepp.

»Nee, der kann laufen«, verkündet die resolute Frau der drei Töchter und steckt sich eine f6 an. Natürlich kann er laufen, aber er könnte auch mitfahren. Traurig bleibt er auf dem Hügel stehen.

Die zweite Tochter, die hübsche, reitet auf ihrem Pferd hinter der heilen Kutsche her und beschimpft den Bierbrauer:

»Da ist er nun so stolz auf sein Reiterabzeichen erster Klasse und tut immer so groß. Und dann hilft er nicht mal, als die andern in den Garten rasen.«

Der Bierbrauer kümmert sich nicht um sie. Er hat dem Waldarbeiter versprochen, die Stange zu ersetzen. Aber immer und immer wieder nörgelt die Tochter hinter ihm, und er brummt sie manchmal wütend an. In der Kutsche sitzt jetzt auch der Mann der resoluten Frau. Er hatte die verunglückte Kutsche gelenkt und jammert still vor sich hin, er würde nie wieder ein Pferd anfassen. Seine Frau beschimpft ihn als Versager. Er ist das anscheinend gewöhnt und lächelt betrunken.

Die hübsche Tochter versucht, ihren wütend laufenden Ex-Freund zu überreden, doch auf die Kutsche zu steigen. Ihr aktueller Freund, der nette, der in der Kutsche sitzt, würde gerne auch mal auf dem Pferd sitzen, aber die hübsche Tochter weigert sich, in die Kutsche des blöden Bierbrauers zu steigen. Wir kommen sehr langsam vorwärts, weil dauernd jemand beleidigt ist, und alle fünf Minuten muss jemand pinkeln. Am Ende leiht die zweite Tochter ihrer Freundin das Pferd und steigt doch noch in die Kutsche, vermutlich, um den Bierbrauer aus größerer Nähe zu benörgeln, der ihr Gerede abzuschütteln versucht wie eine lästige Fliege. Ihr Freund ist nun auch beleidigt, weil er nicht auf dem Pferd reiten durfte, aber die Freundin. Das merkt die hübsche Tochter nicht, sie beschimpft weiter den Bierbrauer.

Pinkelnd, ruckelnd, nörgelnd und selbstzufrieden schlecht gelaunt, wie man wird, wenn man zu viel Bier getrunken und den Augenblick für eine Prügelei verpasst hat, ziehen wir durch Staub und Sonnenuntergang. Ein Werbeballon, ein Blimp, schwebt durch den azurnen Himmel. Der Duft der Felder hat sich von der Tageshitze erholt und gaukelt friedlich im Abend. Es ist eine schöne Fahrt, so menschlich.

In Siegfriederode treffen wir die Havarierten, die inzwischen mit einem Auto von ihrem Gemüsegarten abgeholt wurden. Alle trinken gemütlich Bier. Nur der arme Dorfdepp fehlt, der ist irgendwo verloren gegangen. Abseits schweigen der Ex-Freund der hübschen Tochter und dessen eigentliche Freundin ihre Beziehung aus. Morgen geht meine Reise weiter. Ich freue mich schon drauf.

Nach Tettenborn

Der Rasttag hat uns beiden gut getan. Frisch rasiert, gut gelaunt, ausgeschlafen und mit sauberer Wäsche breche ich auf. Die Landstraße hat uns wieder. Es ist heiß, die Mäuse rascheln am Feldrand. Riesige Mähdrescher kehren in ihr Winterquartier zurück, sie haben ihre Arbeit hinter sich, der Weizen ist seit heute überall abgeerntet. Nur noch der Mais steht. Bella bricht manchmal hinein, ich reiße eine Staude heraus und füttere sie unterwegs. Stückchen für Stückchen darf sie mit ihren großen, nach außen gebogenen Vegetarierzähnen abbeißen, gerade so viel, wie sie bewältigen kann. Hat sie zu viel im Maul, schlenkert sie ihren Schädel, bleibt stehen, gibt sich Mühe und verliert ein Teil, das natürlich aufgehoben werden muss, wobei sie wartet, bis sie alles verschluckt hat. Ich muss aufpassen, dass sie nicht zu viel auf einmal nimmt, damit sie nicht stehen bleibt. Mit dem Futter vor der Nase rennt sie schneller, ganz wie im Märchen von der vorgehaltenen Karotte.

Die Orte enden alle auf -rode. Haynrode, Neubleicherode, Steinrode, Limlingerode. Trotzdem gibt es noch Wald. Es ist ein ruhiger Tag. Zum ersten Mal stimmt etwas mit meiner Landkarte nicht, die Straße, die wir entlangwandern, ist nicht korrekt eingezeichnet. Wir sind im ehemaligen DDR-Grenzgebiet, und um Fluchtversuche zu erschweren, waren die offiziellen Landkarten absichtlich verwirrend. Aber jetzt, nach fast zehn Jahren? Nehmen die Kartographen die Gegend nicht ernst?

In den Dörfern gibt es nichts. Nur Satellitenschüsseln an der Wand. Keine Geschäfte, nichts. Nur manchmal hat sich in der kommerziellen Wüste ein Asia-Shop eingenistet. Vietnamesen, die unsinnige Kitschgeschenke anbieten: große Porzellanfiguren, billige Walkmen und Plastikblumen. Es gibt kein Toilettenpapier, keine Zeitung, kein Bier zu kaufen, nichts, absolut nichts. Aber meterhohe goldweiße Hundestatuen aus massivem Porzellan.

»Dürfen die Kinder mal streicheln?«, fragt eine Mutter.

»Ja klar.«

Es sind zwei Mädchen im Vorschulalter. Die eine streichelt Bella vorsichtig an der Schnauze, die andere traut sich nicht. Die Frau spricht mit ihr Russisch und erklärt:

»Sie kommt aus Tschernobyl. Sie ist etwas schüchtern.«

Kinder wissen dank der pädagogischen Tierfilme im Fernsehen alles über Tiere und erkennen in Bella sofort den Esel. Die größte Unwissenheit findet man bei der Generation der Fünfzigjährigen.

Bella und ich verstehen uns stumm. Sie weiß, was ich will, und sie macht es auch. Ich muss nur noch kurz am Strick ziehen, böse schauen oder laut rufen, manchmal auch mit der Gerte drohen, und sie gehorcht. Manchmal wieder will sie aber doch noch wissen, ob ich nur drohe, dann gibt es einen kleinen Klaps hintendrauf und die Eselwelt ist wieder in Ordnung.

Nun ja, meistens folgt sie, sonst wäre es ja auch langweilig. Esel sind wirklich sehr geduldig. Unermüdlich und unerschrocken trottet sie voran. Kein anderes Tier würde so etwas mitmachen. Ich liebe sie, ich glaube, sie mag mich auch. Gell, Bella? Du süßes sturcs Stück?

Was sie für schöne große Augen hat. Ein helles, glasklares Braun mit einem geheimnisvollen Inneren. Man kann sich da richtig hineinversenken, in eine andere Welt. Vielleicht haben Esel keine Seele, aber irgendetwas ist da drinnen. Etwas Schönes.

Die Kilometer werden immer länger, sie bestehen aus mindestens 1200 Metern. Es ist eine Schicksalsfrage, ob es nach Völkershain nun drei oder vier Kilometer sind. Die gelben Ortsschilder, scharfkantige quadratische Mondscheibletten, bekommen eine Kraft wie der Schlag auf einen mächtigen Gong: Völkershain.

Ein Mann kommt auf mich zu. Er ist ein Eselsfreund:

»Wir haben auch Esel, fünfzehn Stück, mit denen sind wir im Winter auch gewandert, die mögen Schnee lieber als Sonne. Unsere Nachbarin, eine ältere Dame von sechzig Jahren, wollte mit einem Esel nach Santiago de Campostela pilgern. Nicht die ganze Strecke, sie wollte nach Spanien fahren mit dem Esel im Anhänger und das letzte Stück mit dem Esel zurücklegen. Sie hat hier bei uns mit dem Tier geübt, aber sie wurde einfach nicht fertig mit ihm. Der hörte einfach nicht auf sie.«

Ich erzähle ein wenig von Bella und mir, das Übliche, und wie die Pferde auf dem Reiterhof sich verhalten.

»Pferde sind dumm.«

Eselfreunde sind eine Minderheit, die sich automatisch solidarisiert und sich gegen die Mehrheit der Reiter abgrenzt. Ich kenne keine Pferde, ebenso wenig wie die Pferdefreunde Esel. Ich halte mich da raus. Aber Esel sind schon besser.

Am Abend kommen wir in Mackenrode an, es gibt kein Gasthaus, also versuche ich in Tettenborn mein Glück. Mackenrode liegt in Niedersachsen, Tettenborn in Thüringen. Wir sind in den letzten Tagen mehrmals über die Grenze gelaufen, die sich wie ein Fluss von Norden nach Süden schlängelt. Dazwischen liegt ein bewachsener Erdwall, der ehemalige Todesstreifen. Bella hat eine Vorliebe für ihn, zum zweiten Mal auf dieser Reise lässt sie sich da nieder. Ich warte, bis sie sich erholt hat, und lausche den Fröschen. Auch in Tettenborn gibt es keine Pension, die Gaststätte hat ihren Ruhetag. Wir laufen noch ein wenig und suchen uns eine nette Wiese zum Schlafen.

Nach Königshütte

Am Straßenrand liegt ein Moorsee. Schilfpalisaden umkränzen das still glucksende Wasser. Fliederlila flirren ein paar luftzarte Blüten über den borstigen Binsen. Unter dem dunklen Spiegel des Sees könnte sich alles verbergen. Ein Eingang zur Unterwelt zum Beispiel. Hier könnten Biber hausen, das Karl-May-Land anfangen, ja, hier könnte man direkt aus der Kinderlektüre der Sommerferien hineinfallen in das Lederstrumpf-Land, die großen Träume von Freiheit meines Kinderherzen. Moorig, geheimnisvoll und fruchtbar schwappen kleine Wellen ganz zart zwischen den Grasinseln zum Ufer, ganz still und vorsichtig, wie um die schillernden Flecken auf der Oberfläche nicht zu zerstören. Hush, hush, das Wiegenlied des Sumpfes.

Wenn ich jetzt hier stehen bleiben würde, träumen und die Schönheit genießen, würde der Verkehrslärm hinter mir sich immer weiter in mein Bewusstsein fräsen und irgendwann alles zerstören. So nehme ich nur einen tiefen, tiefen Zug von der andern Seite der Straße, also der Welt, und ziehe weiter.

Wir kommen in den Harz. Immer höher windet sich die Straße. Nach jeder Kurve hoffe ich auf den Pass. Wenn wir die nächste Höhe erreicht haben, muss es doch endlich abwärts gehen, über den Wipfeln ist doch nur noch der Himmel. Aber es geht noch weiter bergan, der Wald verbirgt die Steigungen. Bella bleibt erschüttert stehen. So hohe Berge soll ich hinaufgehen?

»Komm, Bella, auf geht es.«

Der nächste Ort, Zorge, 600 Meter über dem Meeresspiegel, ist eine weitere Spießeridylle, ruhig, sehr ruhig.

»Mahlzeit.«

Hier kratzen nur Tortengabeln über das Porzellan.

»Du, Männe, ich habe dir schon mal Milch in den Kaffee getan.«

»Das habe ich gar nicht gesehen. Danke.«

Die Tischdecke hängt schwer herunter und wirft Magenfalten.

Das Tortenvernichtungskommando achtet auf Ruhe. Man hört nur das Knacken der dritten Zähne.

Tack, tack; Tack tack. Wir gehen weiter. Eine junge Frau im Kleinwagen lädt mich zum Frühstück ein, ich lehne dankend ab, ich habe keinen Hunger. Ich will weiter, in den Wald mit seinen virilen Stämmen und der blättergefilterten Luft. Man ist allein und doch nicht einsam. Es ist ruhig, aber nicht still. Man ist geschützt, und doch unter freiem Himmel. Auch Bella mag den Wald, da gibt es leckere Himbeerranken. Durch den Harz hat sich früher die deutsch-deutsche Grenze gezogen, wir laufen ein paar Mal hin und her. Die Natur schert sich einen Scheißdreck um die ehemalige Grenze. Sie blüht, als sei nichts dabei.

Wir rasten an einem stillen Waldbach. Bella trinkt, ich esse Bananen und füttere sie mit den Schalen. Käfer klettern Halme empor. Oben rauscht der Wind durch die Wipfel. Neben uns fließt die Warme Bode. Der braune Bach windet sich durch die Weiden. Leider sind diese eingezäunt, und wir müssen auf der Straße bleiben. Manchmal verschwindet die Bode im Schilfröhricht oder bleibt in einem Moorauge stehen. Die Warme Bode scheint wirklich frei zu sein.

Ich träume von einer einsamen Kanufahrt, einmal einen namenlosen Fluss in Aserbeidschan hinunterpaddeln, ein flaches Gewässer, in dessen Biegungen die Fische stehen, zwischen Kieselbergen und farblosen Nomadenwüsten mit staubigen Dornenhalmen und flinken Geckos, ja, das wäre was …

Abends erreichen wir eine prächtige Pension. Bella wird an eine Leiter angebunden und bekommt Heu. Da sie nicht frei rumlaufen kann, schreit sie manchmal aus Einsamkeit. Zum ersten Mal seit drei Wochen steht auch mal was anderes als Schnitzel auf der Speisekarte, Forelle blau.

Nach Halberstadt

Wir ziehen über die Felder, Bella immer mit gesenktem Schädel, so viel saftiges Gras wächst da. Auf einem staubigen Behelfsweg donnern Lastwagen zu einer Baustelle. Am Bahndamm entlang, hinein in eine Stadt, vorbei an Autohändlern und Brummi-Imbissen, bei der Sparkasse rechts und zum Bäcker.

»Eine Quarktasche und eine Brezel.«

»Brezel haben wir nicht.«

Bella sollte mal wieder Salz essen, sie hat schon so viel geschwitzt, deshalb frage ich in jeder Bäckerei nach Brezeln.

Die Straße schlängelt sich kilometerweise abwärts durch den Wald.

Bella frisst alte Buchenzweige. Uns begleitet ein Bächlein. Stunden um Stunden wandern wir voran.

Kaum ein Auto begegnet uns. Dann endlich, am Fuß der Berge, hört der Wald auf und eine Wiese beginnt. Als ob der Berg barfuß wäre.

Wir haben die Magdeburger Börde erreicht und damit Norddeutschland. Von hier bis zum Limes, wo Süddeutschland beginnt, sind wir die ganze Zeit in einem Zwischenreich gewandert, Thüringen, Hessen, das ist die unentschiedene, neutrale Mitte. Aber hier, beim letzten Baum des Harzes, ist die Grenze zum Norden.

Die Sonne brennt auf die ungeschützte Ebene. Die riesigen, staubig-bröckeligen Felder wölben sich nur noch wenig. In Sachsen-Anhalt hat die Mäuseplage noch gewaltigere Ausmaße erreicht. Immer wieder versinkt Bella zentimetertief im völlig unterwanderten Boden.

Zwei steile Bodenwellen erheben sich vor uns. Wir müssen da hoch.

»Wir müssen da hoch, Bella.«

Es ist wirklich steil. Außerdem stehen die Abhänge voller Apfelbäume. Zwei gute Gründe für den Esel, immer wieder stehen zu bleiben. Ich ziehe vorne am Strick, laufe zurück, um ihr eins auf ihren faulen Arsch zu braten, und gehe wieder voran. In Wahrheit steige ich also dreimal die beiden Hügel hoch.

Da vorne zeigen sich die Türme des Doms von Halberstadt. Auf die Stadt schießt die Bundesstraße zu. Wie ein brutaler Schlag von hier nach dort. Jedes Auto wandelt die Strecke in Minuten um, fünf Minuten bis Halberstadt, eine halbe Stunde bis Magdeburg. Dabei entsteht das Hintergrundbrummen des Verkehrs. Ein Lied so lang wie der Horizont.

Wenn wir da langlaufen, würden die Autos – bang-bang! – wie stählerne Flippergeschosse wütend an uns vorbeiknallen.

Wir halten uns abseits und bleiben auf den Äckern und Feldern. Querfeldein schreiben wir unseren eigenen Text.

Rechts von Halberstadt soll ein Reiterhof sein. Also folgen wir einer unbefahrenen Straße über Langenstein, die umgeht die fiese Bundesstraße und führt um Halberstadt herum zu den Spiegelbergen. Es ist eine ganz normale Straße an den Feldern vorbei, über Bahngleise hinweg. Es geht ein wenig hinab, ein stilles Wäldchen taucht auf, und dann, ganz unvermutet, mitten in der Ebene der Magdeburger Börde, öffnet sich eine Erdfurche. Rechts und links hohe Felsen, romantisch zerklüftet, wie ein mittelalterliches Schloss. Zwischen dem Felsentor geht es hinein nach Langenstein. Vom letzten Hügelzug war nichts zu sehen, auch wenige Meter zuvor schien alles noch flach und eben zu sein. Plötzlich, Sesam öffne dich, war da diese Felswand mit dem Durchbruch darin. Als ob wir in eine andere Welt kämen, ziehen wir in diese Kluft, über uns eine schmale Fußgängerbrücke.

Uns empfängt ein kleiner See am Dorfrand. Zwei Kinder halten ihre Angeln in die grüne Wasseroberfläche. Und dann ist da das wunderschöne Dorf. An den Fachwerkhäusern ist der altersschwache Putz heruntergefallen, Ziegel und Stampflehm sind von der Witterung gegerbt und gefurcht. Hölzerne Scheiben für die Schützenkönige hängen an den Fassaden. Unter Bellas Hufen macht das alte Kopfsteinpflaster tack, tack, tack, tack. Eine Art Burgmauer erhebt sich rechts.

An den Lehmmauern kleben zwar Satellitenschüsseln wie Schwalbennester, und ein tätowierter Skinhead vertritt die Jugendkultur, aber sonst ist hier das Mittelalter stehen geblieben. Mein Esel blendet sich nahtlos ein, ich könnte Pluderhosen mit Schellen und Narrenkappen wie im Märchen tragen, ohne dass es weiter auffallen würde.

Das ist es, was ich an der Straße so mag. Man trifft immer wieder Blasen von Welt, wie Krötenlaich an Grashalmen.

Ich frage einen Vater und seine Tochter nach dem Weg. Es sind zwei sehr nette Menschen, keine Frage, nur etwas umständlich:

»Ganz einfach. Erst mal weiter geradeaus, dann rechts am Schwimmbad vorbei.«

»Vielleicht erst rechts und dann geradeaus …«

»Also dann links vom Schwimmbad, oder besser doch geradeaus, bis zu der Weggabelung und dann links. Und zwar in Richtung abgebranntes Herrenhaus über das Feld …«

»Oder Papa, ist es nicht besser, wenn er direkt links geht, über den Hügel und das abgebrannte Herrenhaus links lässt, immer auf den Dom zu …«

»Du meinst, nach dem Schwimmbad? Von da kann man den Dom gar nicht sehen. Aber du hast Recht, erst links und dann geradeaus …«

»Und dann zum Kreidefelsen …«

Also nach ein paar sehr umständlichen Richtungsangaben, die mich am Schwimmbad, einem Kreidefelsen, einer KZ-Gedenkstätte und ein paar Feldern entlang führen sollen, immer auf das abgebrannte Herrenhaus zu, mache ich mich auf den beschriebenen Weg und stelle fest, das ist ja noch unendlich weit. Die so nahe geglaubten Türme von Halberstadt sind längst verschwunden. Wir durchqueren ein Stoppelfeld, und Bella legt sich hin. Wie immer kurz vor dem Ziel. Geduldig entferne ich das stechende Stroh aus meinen Schuhen und schwöre, sofort nach dem Ende der Reise alle Socken wegzuwerfen.

Nach einer halben Stunde steht Bella wieder. Wir frischen bei einem Mopedfahrer die Wegbeschreibung auf, auch bei ihm scheinen viele Wege zum Reiterhof zu führen. Es wird Abend, es dämmert. Noch immer ist die Landschaft herrlich. Buchen, Birken, Wacholderbeeren, Eichen, vertraulich knirschender Kies, eine schöne Landschaft, aber lästig. Sie soll aufhören und diesen Reiterhof freigeben. Endlich, endlich kommen wir an.

Die Chefin, eine energische, aparte Rothaarige, gibt in einer riesigen Reithalle Unterricht. Sie führt ein Pferd und dessen Reiterin an der Longe und verbessert nebenbei die Haltung der andern Reiterinnen. Ein paar kleine Mädchen im Zahnspangenalter schauen zu. Ich bin der einzige Mann hier drin, ansonsten nur Pferde und schöne schlanke Frauen. Dutzende von Frauen, die auf und ab wippen und sich gerade halten. Hinten aus dem Reiterkäppi wippt der Pferdeschwanz mit. Außerdem sind alle blond.

In einer Pause weist die Chefin Bella eine Koppel zu.

»Für Sie ist leider nichts frei, wir sind ja auch keine Pension. Aber dahinten ist ein Sportlerheim, die vermieten Zimmer.«

Noch einmal wandern Bella und ich durch die Nacht. Im Sportlerheim ist leider alles belegt. Bella bekommt einen Eimer Wasser, ich bestelle ein Schnitzel. Wir sind zu viert in der Gaststätte des Sportlerheims, der Wirt, zwei Trinker und ich. Im Fernsehen überträgt DSF live aus Johannesburg die Vorausscheidungen der Damen im 400-Meter-Lauf zur Afrikameisterschaft.

Mit schlechtem Gewissen esse ich mein Schnitzel und trinke zwei schnelle Bier. Denn draußen wartet die arme, bepackte und hungrige Bella. Dann ziehen wir zur Koppel, und ich lege mich dazu.

Am Abhang hundert Meter gegenüber liegt ein Hundezwinger, empört bellen die Köter uns Eindringlinge an. Von Ferne antworten andere Hunde, von Hof zu Hof pflanzt sich die Wut fort. Jedes Mal wenn ich mich in der Isolierfolie raschelnd umdrehe, wacht einer der Hunde auf und bellt. Die ganze Nacht, jede halbe Stunde. Morgens wird das bellende Bestiarium gefüttert, der Lärm verschluckt jeden anderen Eindruck. Das Tal scheint nicht mehr grün, die Erde riecht nicht mehr, ich habe nicht mal mehr Hunger. Es ist nur laut.

Nach Schermcke

Wir brechen auf und laufen durch Halberstadt. Ich frühstücke in einer Heißen Hexe Wiener Würstchen aus der Mikrowelle und lese die Bildzeitung. Dann ziehen wir stadteinwärts. Die Zeiger einer großen Uhr an der Kreuzung zeigt die Zeit an. Straßenbahnen bringen die gähnenden Fahrgäste zu ihrem Ziel. Vor dem Gesundheitsamt von Halberstadt wartet eine junge Familie mit ihrem Kinderwagen, eine dicke Frau in einer wurstpellenartigen Ganzkörperstrumpfhose mit wildem Muster und ein kleiner Mann mit vom Fernsehlicht gebleichtem Grottenmolch-Teint. Beide rauchen und tragen ihre Haare vorne kurz, hinten lang.

Der Dom von Halberstadt verschwindet hinter den Häusern. Die Ausfallstraße führt nach Osten. Es gibt sehr viele Geschäfte für Türen und Fensterrahmen. Und eine Erlebnisgaststätte ›Seitensprung‹.

Ein Fahrradweg bringt uns aus der Stadt, aber nach ein paar Kilometern endet er. Wir müssen auf die Straße. Der Fahrtwind der Autos schlägt uns immer wieder in den Rücken. Wusch-wusch. Eine Weile ziehen wir im inneren Exil am Rand der lauten Bundesstraße entlang und biegen sobald als möglich Richtung Schwanebeck ab. Diese Straße ist zwar für den Verkehr gesperrt, aber wir probieren trotzdem unser Glück. Am Bahnübergang vor Schwanebeck wird eine neue Brücke gebaut, wir können nicht weiter. Wir folgen auf einem Schleichweg den Bahngleisen, durch eine dunkle Unterführung hindurch, an einem Zementwerk vorbei. An Bauernhöfen und Maisfeldern entlang.

Dann wieder eine öde Straße mit Vollgasverkehr. Es ist heiß, unerträglich heiß. Ein endloses Stoppelfeld wird umgepflügt und für den Herbst vorbereitet.

Gerade wie ein Strich führt die schattenlose Straße langsam steigend auf das nächste Dorf zu. Der rasende Verkehr braust in die wehrlosen Dörfer und hat dort das Leben in die Seitengassen und hinter die Mauern vertrieben. Die alten, unverputzten Häuser haben sich verstört in die Ecke zurückgezogen. Müde, fast tot stehen die unbewohnten Gebäude da, Spinnweben und Karton in den Fenstern. Brütenden Vogelkolonien gleich werden die Dörfer vom Verkehr verschreckt.

Zwei Mädchen auf Fahrrädern überholen uns dreimal und tun so, als ob sie uns nicht sehen. Wir tun auch so. An einer Tankstelle wirft Bella den Wassereimer um, sie will nicht trinken. Der Tankwart zeigt mir eine Abkürzung, denn hier endet meine Landkarte ›Rund um Kassel‹, und zur nächsten fehlen noch zwei, drei Zentimeter. Ich binde Bella von dem Grasflecken vor der Tankstelle los. Ein kleines rotes Auto mit einem Rentner hält an. Er kurbelt das Fenster runter und will mir ein Zweimarkstück geben.

»Hier für den Esel. Damit er was zu fressen kriegt.«

»Danke, aber wir haben alles, was wir brauchen.«

»Nehmen Sie doch, für das Tier.«

»O nein, danke, ich habe genug Geld, und auch der Esel genug zu essen.«

Das hat Bella wirklich. Aber der tierfreundliche Rentner lässt nicht locker, und dann rutscht mir ein böser Satz raus:

»Lassen Sie doch das Geld. Ich habe sicher mehr als Sie.«

Beleidigt rast er davon. Mir tut es sofort schrecklich Leid. Wie konnte ich nur einen armen, alten Mann so kränken? Ein junger Vagabund soll mehr Geld haben als er nach einem arbeitsreichen Leben? Ich schäme mich. Die zwei Mark hätten mir auch nicht wehgetan.

Mittags rasten wir bei einer Ruine. Bella nascht Staudenblüten und ein Häufchen Kochsalz, das ich im

Supersparzentrum gekauft habe. Ich halte mich an das Übliche: Buttermilch, Bananen, Schokokekse, Mozzarellasemmel.

Die Pferdebremsen fallen wieder über uns her und stechen das Tier. Sie hat zum Glück ein dickes Fell und ist nicht zimperlich.

Wie ein Esel wohl die Welt sicht? Sie hört gut und sieht auf etwa zehn, fünfzehn Meter genau. Schläge und Mücken machen ihr nicht viel aus. Aber verschmust ist sie trotzdem. Sie liebt Menschen und Futter. Sie kennt nur eine Angst, fließendes Wasser unter ihren Füßen.

Wir kehren zur Straße zurück. Kein Schatten. Kleine Orte, Dörfer, Straßen, Langeweile, tack-tack, tack-tack. Irgendwann wird jeder Beruf öde. Die Normalität des heimatlosen Wanderns habe ich nun lange genug ausgekostet. Es ist eine sehr schlichte Diät, die irgendwann zu unheilbarem Reinhold-Messnerismus führen kann.

Nach ein paar Stunden Hitze braucht Bella normalerweise wieder was zu trinken. Den Wassereimer an der Tankstelle hat sie ja umgeworfen. Auch ich habe Durst. Aber das ausgeschilderte Gasthaus im Dorf ist unauffindbar. Wir sind beide müde. Bevor Bella sich wieder irgendwo hinlegt, halte ich am letzten Haus des Dorfes und sattle sie ab.

»Hallo, ist da jemand?«

Keine Antwort. Immer wieder wundere ich mich, wo die Menschen sind. Ganz Deutschland ist so still. Nirgendwo Passanten, niemand in den sorgfältig gepflegten Gärten, niemand zu Hause. Vielleicht haben sich alle im Keller versteckt und halten die Luft an.

Dann erscheint doch eine Frau.

»Ich habe nur den Esel gesehen, aber Sie nicht«, erklärt sie.

»Ein Nachbar von uns, der hat auch Esel, und ich dachte, da sei ihm einer weggelaufen. Ich habe ihn angerufen, aber ihm fehlt keiner.«

»Entschuldigung, hätten Sie vielleicht einen Eimer Wasser für sie?«

»Ja, klar, wollen Sie auch was trinken?«

»Gerne. Vielen Dank.«

Wir bekommen einen Eimer Wasser und eine Flasche Limo.

Der Nachbar mit den Eseln kommt angefahren und bewundert Bella fachmännisch. Seit fünfzehn Jahren hält er Esel für die Landwirtschaft, also schon zu DDR-Zeiten. Seine Stute ist neurotisch und nimmt ihre Fohlen nicht an. Der Eselshengst scheint sehr anstrengend und wild zu sein, wenn gar nichts geht, dann knebelt der Bauer die Unterlippe des Esels. Wenn ich dabei an Bellas zarte Lippen denke, wird mir ganz schlecht. Einer seiner Esel ist verreckt, als er ihm nach der Wende was Gutes tun wollte und ihm einen Salzleckstein gekauft hat. Normalerweise reicht so ein Stein mindestens achtzehn Monate, aber der Esel verschlang das ungewohnte Salz in ein paar Wochen und starb an einer Nierenkolik.

»Vor ein paar Jahren war hier alles überflutet«, erzählt die nette Frau.

»Bis zum Fenster stand das Wasser. Wir mussten mit Schlauchbooten fahren.«

Es ist unsere alte Bekannte aus dem Harz, die Bode, die diese Überschwemmung angerichtet und anscheinend die Felder nachhaltig verseucht hat. Als wir weiterziehen, auf der Straße nach Oscherlsleben, stehen überall Warnschilder an den Zäunen: ›Betreten der Felder verboten, Seuchengefahr!‹

Hier rasen die Autos um ihr Leben. In Sachsen-Anhalt scheint nicht viel los zu sein, da riskiert man halt sein Leben. Ein paar schüchterne Obstbäume zittern im Fahrtwind. Bella kriegt die Äpfel am Boden, ich die am Zweig.

In Oschersleben macht Bella noch einmal selbstherrlich Pause. Ich beschließe, hier zu übernachten. Es war ein anstrengender Tag. Aber die Kellnerin in der letzten Pension am Stadtrand zuckt nur mit den Schultern. Nein, wohin mit dem Esel weiß sie auch nicht. Es wird wohl auf eine weitere Nacht im Freien hinauslaufen. Also esse ich einen Kebab zum Abendbrot, damit ich nach einem erneuten spontanen Sitzstreik von Bella irgendwo in der Wildnis wenigstens was im Magen habe. Der Vietnamese vom Dönerstand gibt mir eine Plastiktüte voller Weißbrotreste für Bella mit. Und wirklich, zwei, drei Kilometer später legt sich Bella stöhnend am Wegrand hin. Direkt an der Straße, es ist völlig flach und ungeschützt. Die tiefe Sonne strahlt auf das raue gelbe Unkraut, ich liege im Gras und warte. Es ist weiß Gott keine gemütliche Stelle für eine Übernachtung. Irgendwann sieht das Bella auch so, steht auf und wir ziehen weiter, ein Ort und noch ein Ort, lieblos an der Schnellstraße aufgefädelt.

In Schermcke führen uns zwei nette Menschen zu einer Pension mit Ponykoppel. Sie liegt ein wenig abseits von der brutalen Straße, da wird der Ort sogar fast reizvoll. An einer Freitreppe neben der Telefonzelle lungert die hiesige Jugend mit den kurzen Haaren herum und erkundigt sich nach meinem Esel. Verbockt mit verschränkten Armen vor der Brust, aber doch neugierig. In der Pension trinke ich noch ein warmes Bier und lege mich auf ein weiteres Spannbetttuch.

Magdeburg

Es ist plötzlich kalt geworden. Wolken jagen sich wie auf Schlachtengemälden. Die Pappeln machen sich dünn, um den Wind ungehindert durchpfeifen lassen zu können. Das Firmament hat sich schwarz gefärbt. Wie riesig der Himmel wird, wenn das Wetter umschlägt.

Ein neuer Tag, eine neue Straße, aber es ist genau wie gestern. Alle Straßen sind gleich. Aus den aufgeworfenen Erdhügeln am Straßenrand rinnen Kiesel, oben wächst Schuttkresse, rosarotes Leimkraut und Hirtentäschel. Bella nickt, träumend ziehen wir weiter.

Die Straße biegt in einen weiteren Ort, aber wir folgen den Bahngleisen, die ebenso wie wir den kleinen Ort Wanzleben rechts liegen lassen. Ein Güterzug kommt uns langsam entgegen, mit einem Tippen an seine Kappe grüßt uns der Lokführer.

Ich träume davon, einmal wie Jack London als Hobo unterwegs sein, Schwarzfahren auf Güterzügen, immer auf der Flucht vor den Bahnbeamten, nachts, im kalten Wind, auf den winzigen Plattformen zwischen den Waggons, das ewige Rattern der Gleise, vorbei an den Vollmonden der Bahnsteiguhren …

Wir trampeln über ein großes, tief gefurchtes Feld. Stroh in den Socken, Bella senkt schnüffelnd ihren Kopf zum Boden, um die letzten Ähren aufzulesen. Sie hat einen Apfelbaum entdeckt und frisst. Ein Weg führt nach rechts, einer nach links. Keine Ahnung, wo es lang geht. Wir sind allein. Rechts geht es Richtung Straße, links sieht es schöner aus.

Wir kommen in einen einsamen Sumpf, fahles Schilf steht hoch über dem schwarzen Wasser. Wieder biegt ein Weg nach rechts, wir gehen geradeaus. Es gluckst leise, Mäuse rennen über den Weg. Es ist ein Stück Lappland, Yucatán, Patagonien. Wir folgen einem Rinnsal bis zur nächsten Brücke, ein kleiner bewachsener Steg, man kann das Wasser nicht sehen. Bella will mal wieder nicht rüber.

»Bella, du dummes Stück, lern doch endlich mal, über eine Brücke zu laufen.«

Nach einer Weile kehren wir um. Noch einmal kommen wir in den Sumpf und biegen diesmal rechts ab. Nach einem Maisfeld erreichen wir wieder die Straße und lassen uns vom Verkehrslärm abbrausen.

Es geht hügelan, ein altes Moped schaltet in einen kleineren Gang, und Bella dreht durch. Im Eselsgalopp bricht sie aus, reißt den Strick aus meiner Hand, sie verliert das Gepäck, der Sattel rutscht ihr runter. So schnell war sie noch nie. Nach hundert Metern bleibt sie zitternd stehen.

»Ruhig Bella, alles ist gut, was ist denn so schlimm, das war doch nur ein altes Moped …«

Ein Zucken läuft über ihren Körper, sie atmet schwer.

»Ja, brave Bella, brave Bella ...«

Sie wird wieder gesattelt, es geht wieder weiter. Bella ist nervöser geworden in den letzten Tagen. Sie ignoriert die Hunde nicht mehr so souverän wie früher, als sie nur den Kopf hob und sie da unten bellen ließ. Bei jedem Kläffer senkt sie ihren Schädel und will es wissen. Vielleicht setzen ihr die Autos mit der Zeit doch zu. Im nächsten Ort ist ein ausgeschilderter Fleischer unauffindbar, und hungrig ziehen wir weiter.

Über die Ebene zieht ein eisiger Wind, erste Tropfen treiben schräg in mein Gesicht. Das ist das Ende des Sommers. Es war ein kurzer, heißer, sehr heißer Sommer, und jetzt ist er vorbei.

Alle fünfzig Meter steht ein Leitpfosten, in nebelreichen Gebieten in fünfundzwanzig Meter Abständen. In den Gemeinden sind die zwölf Zentimeter breiten und genau ein Meter über den Fahrbahnrand reichenden Polyäthylenpfähle rund, auf den Bundesstraßen in einer sanften Dreiecksform.

Nach praxisnahen Abprallversuchen wurde gewährleistet, dass von der Fahrbahn abkommende Autos nicht am Unterboden durch Leitpfosten beschädigt werden und dass sich diese wieder von selbst aufrichten, um weiter treu ihren Dienst zu leisten.

In besonders dreckigen Streckenabschnitten müssen sie alle zwei bis drei Wochen von den Straßenmeistereien mit speziellen Leitpfostenwaschwagen gereinigt werden. Die weiß oder gelb zurückstrahlenden Reflektoren aus Glas, Folie oder Kunststoff sind argen Strapazen ausgesetzt, Frost, UV-Strahlung, Hitze und vor allem den Säuberungen. Die Bundesanstalt für

Straßenwesen hat deshalb natürlich genau untersucht, wie sich die Reflexionsfähigkeit der verschiedenen Materialien mit der Zeit verändert.

Pionierarbeit bei der Leitpfosten-Wissenschaft leistete die 2000-km-Fahrt von 1934, bei der über dreihundert Fahrer die Straßenverhältnisse in Deutschland testeten. Eindeutig kam dabei der Wunsch nach einem einheitlichen Leitpfostensystem zum Vorschein, der einen bei der Fahrt sicher und ruhig begleitet.

Interessanter ist vielleicht, dass im Jahr circa eine Million neue Leitpfosten hergestellt werden, jeder kostet um die zwölf Mark. Die von selbst blinkenden und damit warnenden Hightech-Pfosten sind selbstverständlich teurer.

Der deutschen Leitpfostenindustrie, fünf mittelständische Betriebe, droht die Konkurrenz billigerer Anbieter aus den östlichen Nachbarländern. Ähnlich dem deutschen Gartenzwerg, dem romantischen Cousin des Leitpfostens aus dem Feenreich. Beide winken uns vom Wegesrand zu und beschützen uns trotz ihrer kleinen Größe.

Die Lebenserwartung dieser sympathischen Gesellen, die unsere Fahrt rhythmisch, aber unaufdringlich gliedert, beträgt 10–15 Jahre.

Geduldig, sanft, nachgiebig und in freundlichen Gelbtönen strahlend. Ja, ihr braven Leitpfosten, kaum jemand achtet eure Dienste, die ihr still und genügsam, ungezählt wie die Sterne am Himmelszelt bei Sturm und Wind, bei Staub und Hitze verrichtet.

Unerträglich lange dauert es bis zum nächsten Ort. In einem trostlosen Restepostenkaufhaus kaufe ich

99-Pfg-Kekse, während Bella im Bushäuschen steht, um sich vor dem Regen zu schützen. Zum Glück muss ich die Kekse nicht essen, denn es gibt ein Stückchen weiter ein Schnitzel-Restaurant. Auch hier läuft Sportfernsehen.

Aus einer Kneipe ruft man uns betrunken zu:

»He, bist du Jesus?«

»Was, wie bitte?«

»Na, bist du Jesus?«

Der Mann nuschelt zwischen seinen Spuckebläschen. Er hält eine Halbliterdose Bier in der Hand und schwankt ein wenig.

»Nein, ich bin nicht Jesus.«

»Kommst du aus Israel?«

Man kann fast zuschauen, wie in seinem völlig betrunkenen Bewusstsein die Assoziationen wachsen, so wie Salzkristalle in einer gesättigten Lake.

»Ich bin nicht aus Israel, sondern aus dem Hunsrück.«

»Das ist aber nicht in den neuen Bundesländern.«

»Nein, auf der anderen Seite des Rheins.«

Er sah nicht so aus, als ob er wüsste, wo der Rhein fließt.

»Hier, trink ein Bier.«

Es ist erst früher Nachmittag, und ich lehne ab. Wenn es nicht so kalt und wolkendunkel wäre, könnte das hier ein schöner Ort sein. Von den Häusern her und den Bäumen. Aber die Bewohner sind verdammt trostlos. Hier sind über zwanzig Prozent der Menschen arbeitslos gemeldet. Und die restlichen achtzig Prozent scheinen nur zu betrunken zu sein, um zum Arbeitsamt zu schwanken und sich dort registrieren zu lassen. Erstaunlicherweise hat ein Vietnamese auch in diesem Fegefeuer-Dorf einen Asia-Shop aufgemacht. Wer will hier riesige Porzellanbuddhas kaufen oder chinesische Kitschlampen und Unterwasserradios für 19,90?

Es ist nicht mehr weit nach Magdeburg. Der süßliche Geruch einer riesigen Müllkippe begleitet uns. Es regnet immer mehr, es wird immer kälter. Bellas Fell ist durch und durch nass. Regen mögen Esel ganz und gar nicht, Schnee ist ihnen tausendmal lieber. Aber Bella trottet geduldig weiter. Wir erreichen das Weichbild von Magdeburg und ziehen ewig geradeaus. Ampeln, braunblättrige Kastanien, Apotheken. Es regnet und regnet. Und regnet.

Ich will heute noch über die Elbe. Wir stellen uns in die Einfahrt eines indischen Restaurants und schauen durch die asiatisch bemalten Fenster den Gästen zu, wie sie im Trockenen ihr Tandoori-Huhn abknabbern. Dann ziehen wir weiter durch den Regen.

Magdeburg sieht aus, wie man sich Ost-Berlin vorstellt. Die beigefarbenen und hellblauen Blöcke erinnern an von der Sonne ausgebleichte Stoffmuster aus den 50er Jahren. Die gewaltigen Straßenanlagen mit ihren naiv-futuristischen Fassaden eignen sich für Massendemonstrationen, zu sonst kaum etwas. Obwohl die ganze Innenstadt zur Fußgängerzone ausgerufen wurde, wirken die Passanten wie überflüssige Krümel im Teppich. Es ist alles zu groß. Nur McDonald's und Restpostenkaufhäuser mit 99-Pfennig-Artikeln wie Rudis Resterampe können in dieser faszinierenden Waschbetonwüste überleben. An einer Ecke, einer Oase gleich, hat sich wenigstens ein Woolworth gehalten und in dessen Schatten sogar eine Buchhandlung.

In Magdeburg ist mir genau das passiert, was nicht sein soll: Abends in einer Großstadt bei schlechtem Wetter rumirren. Es gibt keine Wiese für den Esel, keine Hotels, die Esel unterbringen könnten. In Großstädten kann man schlecht draußen schlafen und bei schlechtem Wetter erst recht nicht. Sinnlos ziehen wir durch Magdeburg auf der Suche nach einem Unterschlupf. Ein Trampelpfad führt am Bahndamm entlang in ein Gebüsch. Der Weg bleibt eng, nirgendwo wäre Platz für uns, kein Regenschutz weit und breit.

Verzweifelt und müde ziehe ich weiter, die arme, geduldige Bella im Schlepptau. Sie glaubt an mich, ich werde schon was Geeignetes finden. Ich habe ein schlechtes Gewissen. Warum musste ich unbedingt heute noch in die Stadt und über die Elbe? Morgen wäre es ja auch gegangen.

Ein paar Stunden laufen wir durch Magdeburg. Endlich, an einer befahrenen Straße ohne Fußgänger, finden wir eine Reihe von alten Garagentoren an einem Hof. Das rostige alte Tor ist offen, es steht nicht mal ›Unbefugten ist das Betreten verboten‹ dran. Der Hof ist eine Art Einfahrt, zwanzig Meter breit, fünfzig tief. Die Garagentore sind alle schwer mit Schlössern gesichert. Auf der andern Seite steht ein neues, leeres Bürohaus, für das verzweifelt Mieter gesucht werden. Die Autos können uns von der Straße nicht sehen, es wächst genug Gras und Unkraut für das Tier. Ich rolle meine Schaumgummimatte ganz dicht an ein Garagentor, das winzige Vordach hält ein wenig den Regen ab. Es nieselt nur noch schwach, aber im Laufe der Nacht kommt immer mal wieder ein Schauer. Bella steht starr im Regen, rührt sich nicht, wie ein meditierender Fakir, der seinen Geist auf Reisen schickt, um seinen Körper nicht zu spüren.

Meine Kleider sind dampfig-klamm, aber am schlimmsten fühlen sich meine Füße an. Unerträglich eiskalt und nass. Ich reibe meine Sohlen, die Haut ist ganz wellig, meine Hände stinken nach Fußpilz. Ich habe keine Lust mehr. Das macht keinen Spaß. Es reicht. Ich will nicht mehr. Ich habe keine Lust mehr. Es reicht.

Was mache ich hier?

Endstation Friedensweiler

Trübe hängt uns der Morgen ins Gesicht. Mühselig winde ich mich aus dem nassen Leinenschlafsack. Frische Kälte trifft auf körperwarme Nässe. Meine Füße sind klamm und kalt. Verfroren und mit steifen Gliedern fangen wir wieder an zu wandern. Endlich finden wir die Elbe. Sie fließt grau und schnell unter einer alten Eisenbahnbrücke, die von Radfahrern und Fußgängern mitbenutzt wird. Tock-tock macht Bella auf den Eisen und Holzbohlen. Die beiden Bögen der Stahlbrücke sehen aus wie kandierte Orangenscheiben, die, die so halbrund sind. Statt in Zucker sind sie allerdings in graues Eisen getaucht. Die Elbe ist unsere letzte Grenze, diese Brücke der letzte Atemzug der Reise.

Der kurze, heiße Sommer ist vorbei und auch die Wanderung.

Es gibt ein Vorbild für mein Unternehmen. Robert Louis Stevenson, Autor von *Die Schatzinsel* und *Dr. Jekyll und Mr. Hyde*, ist zwölf Tage mit einem Esel 220 Kilometer durch die Cevennen gezogen. Stevenson hat ein sehr schönes Buch über sich und seine Eselin Modestine geschrieben. Es sind Bücher, die uns zum Reisen bringen, seit die Not und die Gier ausgespielt haben.

Auf jeder Seite von Stevenson spürt man, spüre ich das Gefühl der Weite und Ferne.

Ich bin zeitlebens auf ein Abenteuer aus gewesen, auf ein reines, leidenschaftsloses Abenteuer, wie es vorzeitlichen, heroischen Reisenden begegnet.

Ja, so ähnlich wird es bei mir auch gewesen sein. Ein bisschen peinlich ist mir das Wort Abenteuer schon. Was ich auf keinen Fall wollte, war heuchlerisch durch Deutschland zu ziehen und so zu tun, als hätte ich kein Geld. Und Regenwürmer wollte ich auch nicht essen oder als Extremsportler ›meine Grenzen kennen lernen‹, oh mei oh mei.

Nein, ich will sehen und fühlen, die Entfremdung zwischen mir und einem Heubündel in meiner Hand überwinden. Genau, den Geruch von frischem Gras in der Nase spüren. Wenn man die Faust öffnet, sich die Halme langsam zuckend wieder gerade biegen und dabei einen Duft aufsteigen lassen. So echt wie nie.

Stevensons Wanderung führte von Le Monastir-sur Gazelle nach Cheylard, Bouchet-Saint-Nicolas, Luc, Kloster Unser Lieben Frau im Schnee, Le Bleymard, Mont Lozere, Pont de Montvert, Florac, Cassagnes und Mont St. Pierre.

Kein Mensch kennt diese Orte, es fehlt jedes Maß. Als ich das Buch zu Ende gelesen hatte, wusste ich immer noch nicht, wo die Cevennen eigentlich sind.

Diesen Trick, so nahe ran zu gehen, dass man die Entfernungen nicht abschätzen kann, habe ich auch angewendet. Deshalb begann meine Reise im winzigen Horbruch und darf keinesfalls in Magdeburg enden. Sondern irgendwo im anonymen Nirgendwo.

Wir trampeln also über die schöne Stahlbrücke raus aus Magdeburg. Tock-tock, scha-long, tock-tock. Ein Raddampfer liegt am Ufer. Gibt es nicht bei Mark Twain auch solche Brücken? Brücken aus Eisen und Bubenträume voller Wildnis und Technik? Mit ölgetränkten Schwellen und riesigen Muttern? Oder steigt diese Assoziation nur in mir auf, weil ein Raddampfer am Ufer liegt?

Grau und erstaunlich schnell fließt die Elbe, aus Dresden kommend, durch Magdeburg in Richtung Hamburg.

Wir erreichen das andere Ufer. Es ist egal, ob wir nach rechts oder links laufen. Links sieht es schöner aus. Zwei verhaltensgestörte Kinder hüpfen um die grasende Bella herum, während ich neben einem Spielplatz mit Wendelin Biermann aus Siegfriederode telefoniere. Wir frühstücken bei unsrem letzten Tchibo. Bella kriegt Wasser und legt ein paar Eselsäpfel vor den Laden.

Wir laufen die Ausfallstraße weiter nach Osten, unsere alte Richtung. Raus aus Magdeburg. Immer nach Osten. Kilometerlang gibt es keine Kurve. Hinter dem Seitengebüsch der Straße liegen ein paar Gartenanlagen, eine Spielothek und irgendwelche Baumärkte.

Immer mal wieder biege ich von dieser Straße ab und klappere geduldig alle ›Zimmer frei‹-Schilder ab. Es ist niemand da, ausgestorben wie nach dem Dreißigjährigen Krieg.

›Privatzimmer‹ steht handgeschrieben auf einer windschiefen Pappe am Straßenrand. Eine kleine Ausfahrt führt zu ein paar wie Abfall am Straßenrand verstreuten Häusern. Ein kräftiger kleiner Kerl auf einem Kinderfahrrad, in Bayern nennt man das Prackl, fragt, ob ich ihm meinen Esel verkaufen will. Ausgerechnet am Ende der Reise, aber ich lehne ab.

Ich will nicht mehr zurück auf die Straße und suche weiter nach dem ›Privatzimmer‹. Überall um diese Ansammlung stiller Häuser sind Wiesen, neben einem unbewohnten Hof liegen saftige Pferdekoppeln. Eine stille Fabrik für irgendwas hat sich hinter meterhohem Drahtzaun abgekapselt. Ich finde die Privatpension, eine behinderte Frau öffnet und holt ihre Mutter. Das ist eine dicke Frau, deren Kleider und Unterhemden aus den Achseln quellen.

»Ein Zimmer hätten wir, aber wo der Esel hin kann, weiß ich nicht.«

Sie holt ihren schwerhörigen Mann, der dauernd seine Hose hochzieht. Er ist keine Hilfe, er versteht kein Wort. Dabei sind überall Wiesen und abgezäunte Wildnis, ideal für den Esel.

Sie schickt mich zu einer anderen Privatpension, im

selben Ort. Vielleicht sollte man das hier nicht mal Ort nennen, sondern Zustand. Ein irgendwie bewohnter Zustand, der an die einsamen platten Strähnen erinnert, die traurige Männer über ihren kahlen Kopf kämmen.

Auf der anderen Seite der Straße werden auch Zimmer vermietet. Es gibt eine Unterführung, und ich muss nicht wieder auf die Schnellstraße. Ich finde die zweite Pension, Küchenstudio steht drauf. Dort werden Einbauküchen verkauft. Es ist gut gesichert mit einem hohen Zaun und einer umständlich mit Fernbedienung und Zahlencode zu öffnenden Einfahrt. Ein ein paar tausend Mark teurer Hund bellt am Zaun, ein französischer Schäferhund. Ich bin der erste Gast der Pension. Frau F. und ihr Mann versuchen, einen Platz für Bella zu finden.

»Hier sind doch überall Wiesen.«

»Die gehören aber alle dem Staat oder der Stadt.«

Undenkbar, dort Bella für einen Tag das Unkraut abfressen zu lassen. Einfach das Gitter öffnen. Der Gedanke daran allein erscheint den F.'s wie ein anarchistischer Terroranschlag. Städtische Disteln zu klauen! Die Eselfrage wird dann doch ganz einfach gelöst, in Friedensweiler, so heißt dieses Ding, wo meine Reise endet, gibt es mindestens drei Pferdebesitzer. Zwei sind nicht da. Herr F. und ich fuhren mit seinem Auto die zweihundert Meter zur stillen weißen Fabrik hinter dem Drahtzaun. Wir rufen aus dem Auto nach dem Hausmeister. Warum steigen wir nicht aus?

»Wegen der vielen wilden Hunde hier. Die sind gefährlich.«

Ängstlich zündet er sich eine f6 an.

Der Hausmeister erscheint, und neben der lautlosen Fabrik schließt er uns eine Weide auf und alles ist gut.

Für meinen Herbergsvater Herrn F. bin ich das wildeste Abenteuer seit Jahren. Er ist einer von der Angstrasse.

»Es ist gefährlich hier. Es gibt sehr viele Verbrecher.«

Herr F. schweigt bedeutungsvoll, als wollte er das Wort Mafia nicht aussprechen. Den einzigen merkwürdigen Menschen, den ich in Friedensweiler gesehen habe, war der Prackl, der meinen Esel kaufen wollte.

»Ne, der Detlef ist harmlos. Der kommt gerade aus dem Krankenhaus, er hatte einen Herzinfarkt, mit 38.«

Ich will noch einmal telefonieren. Herr F. wundert sich, dass die Dorf-Vigilanten nicht die Telefonzelle hinter seinem Haus zerstört haben, sie funktioniert einwandfrei. Auch wilde Hunde kann ich nicht entdecken.

»Sie müssen abends sofort die Rollläden herunterlassen. Wir haben hier wilde und verrückte Mädchen, die sonst durch das Fenster schauen und ...«

Ich muss sofort die Rollläden in meinem Zimmer herunterlassen, damit irgendwelche verrückten Mädchen, die anscheinend lustgepeinigt nachts durch den Ort laufen, mir nicht beim Zähneputzen zuschauen können.

»In Friedensweiler gab es einen Flugplatz, da hat Heinz Rühmann seinen Führerschein gemacht. Und da, wo wir wohnen, das war das Adolf-Hitler-Haus.«

Adolf Hitler in Friedensweiler?

Sollte ich wirklich meine Deutschlandreise ausgerechnet in einem Adolf-Hitler-Haus beenden?

»Ja, nach der Wende war ja alles anders, das war schon eine große Umstellung.«

Die F.'s haben ein eigenes Doppelhaus, ein gut gehendes Geschäft, drei Autos. Herr F. steckt sich eine f6 an und seufzt aus vollem Herzen. Denn Seufzen macht glücklich. Vielleicht liegt das auch an diesem seltsamen Ort. Da wird man einfach komisch.

Zum letzten Mal bestelle ich abends ein saftiges Schnitzel mit dicker Soße. Am Nebentisch unterhalten sich zwei nette alte Schulfreundinnen bei zwei Rieseneisbechern mit vielen bunten Likören drin. Niedliche Strohblumen hängen in der Ecke, gleich neben den Weißstickmustertüchern mit den frommen Wünschen. Passend dazu die Bespannung der Sitzbänke und Stühle, kräftiges Leinen mit altrosa Blümchenmuster. Ich mag das. Man gewöhnt sich dran. Ich habe so viele nette Menschen mit weißen Socken kennen gelernt auf der Reise. Zuerst war ich ja geschockt von der Spießer-Idylle in den Dörfern, aber kaum blieb ich für einen Rasttag irgendwo stehen, brach der Wahnsinn in der Normalität aus. Der Lehrer, der Regenwürmer über die Straße trägt, Banane mit seinem Flugzeugreifen-Trabi, die Tupperwarefrau mit dem stinkendem Fuchs im Treppenhaus.

Vor genau zehn Jahren bin ich mit dem Fahrrad um die Welt geradelt. In Indien begegnete ich damals einem Sadhu. Er war völlig nackt, bis auf einen roten Plastiklappen, der ihm wie eine riesige Zunge aus dem Mund hing. Er war rot und schwarz angemalt und hielt ein Beil in der Hand. Ich sah den Irren an, und er sah mich an. Ich war mit einem Hightech-Rennrad da, trug Radsportkleidung, und der Sadhu sah mich genauso an wie ich ihn.

So ist es mir jetzt auch in Deutschland gegangen.

Die Menschen haben mich entgeistert angeschaut, wie ich meinen Esel an ihren Doppelhaushälften und den Buchsbaumhecken vorbei zog. Dabei waren die meisten sicher genauso seltsam wie ich. Mindestens.

Ich esse mein Schnitzel auf. Es schmeckt ausgezeichnet, auch der Kraut- und Rübensalat. Sollte das das Ergebnis meiner Reise sein? Mit Vorliebe Schweineschnitzel essen und bei Hitler wohnen?

Natürlich nicht, es stellt sich raus, vor fünfzig Jahren stand da mal ein Adolf-Hitler-Haus, aber Hitler war nie da gewesen. Die Sowjets hatten es nach dem Krieg abgerissen, und das verängstigte Ehepaar F. hatte vierzig Jahre später das Grundstück erworben.

Am nächsten Tag kommt Wendelin Biermann und holt Bella ab. Ohne große Mühe verladen wir sie in den Anhänger. Ich verabschiede mich mit Tränen in den Augen. Noch einmal streichle ich ihren Dickschädel, reibe an den alten Mückenstichen und kraule ihre sanfte Unterlippe. Als ich sie zum Abschied küsse, sieht sie mich groß und braun an. Was soll denn das? Wir haben immer noch unterschiedliche Auffassungen von Zärtlichkeit.

»Mach's gut, Bella, ich besuche dich bald.«

Sie wusste zu Beginn der Reise nicht, was sie da erwartet, jetzt weiß sie nicht, dass es zu Ende ist. Unwillig und genervt von meiner Sentimentalität dreht sie ihren Kopf ab und beginnt zu fressen.

»Bella, ciao.«

Sie furzt leise.

Ich liebe sie.

Esel werden vierzig, fünfzig Jahre alt. Bella ist neun Jahre alt, ich achtunddreißig, wir haben also von nun an dieselbe Lebenserwartung. Schauen wir mal, wer wen zu Grabe trägt.

Es ist zu Ende. Von Horbruch nach Buch, Buchholz, Boppard, Neuhäusel, Holzappel, Arfurt, Tiefenbach, Bermoll, Gisselberg, Neustadt/Hessen, Hauptschwenda, Niederbiesheim, Hessisch Lichtenau, Wahlhausen, Kreuzebra, Siegfriederode, Tettenborn, Königshütte, Halberstadt, Schermcke, Magdeburg bis nach Friedensweiler. Knapp vier Wochen, 700 Kilometer.

Ein Intercity bringt mich in einer Stunde nach Hause. Ich schaue nicht mehr aus dem Fenster, was kann mir dieses Vorbeirauschen schon bieten.

Dann stehe ich endlich mit meinem ganzen Gepäck in meiner geliebten Wohnung. Wo alles so ist, wie ich es will. Meine Waschmaschine, neue Socken, meine geliebten Bücher im Rücken, ein Bett ohne Frotteespannbetttuch. Das Waschzeug muss nicht jedes Mal aus dem Kulturbeutel geholt und morgens wieder eingepackt werden. Ich kenne den Warmwasserthermostat an der Dusche und den Verschluss meiner Kaffeekanne. Die Schnitzelmast hat aufgehört, es gibt wieder Gemüse und Fisch. Briefe, Faxe, E-mails, Anrufbeantworter. Die soziale Diät ist zu Ende. Aber:

WAS MACHE ICH HIER?

Ich lege mich auf mein Bett und bin stolz und traurig. Es ist vorbei. Bin ich jetzt ein besserer Mensch? Und nun, was jetzt?

Ich träume davon, als erster Mensch einen Achttausender zu besteigen. Die anderen, von Hillary bis Messner, haben alle geschummelt und bei dreitausend Meter über Normalnull in einem so genannten Basislager angefangen. Basislager, das ist doch lächerlich. Ich werde mir eine Badehose anziehen und im Indischen Ozean den Aufstieg beginnen. Welcher Achttausender hat eigentlich die einfachste Route, deppensicher? Hat jemand die Nummer vom Alpenverein?

Nachwort

Bella geht es gut. Ich habe sie zwei Monate später noch einmal besucht. Sie stand auf einer großen Wiese mit zwei Ponys und fraß an einem Strohballen. Als ich sie rief, schaute sie kurz rüber und kaute dann weiter. Ich glaube, sie hatte Angst, dass es weitergeht. Ich bin durch die matschige Weide zu ihr gelaufen und habe noch einmal ihre herrliche Unterlippe gekrault. Dann war ich mir sicher, sie hat mich erkannt.

Und sonst? Ich habe wirklich alle Socken weggeworfen und mir sieben Paar Kniestrümpfe gekauft. Eine alte Freundin wurde in Kurdistan erschossen, und in derselben Woche war ich auf einem Konzert von Blondie. Sie ist Gott. Vor zwanzig Jahren habe ich sie schon mal gesehen. Es war, als ob man einen verschütteten Punkt trifft, und eine sentimentale Supernova ging in mir auf. Meinen ältesten Freund habe ich nach Jahren wieder besucht, dem geht es nicht so gut.

Warum erzähle ich das? Lieber Leser, Sie haben

mich auf einem Weg begleitet, der nicht nur von Horbruch nach Friedensweiler führte, sondern auch durch mein Inneres. Da kann man sich schon mal verirren.

Ach ja, einen Grundkurs ›Klettern beim Deutschen Alpenverein‹ habe ich auch absolviert. Cho Oyu (8153m), ich komme.

Die Straße hört nie auf.